LA CURA DEI 10 MINUTI

Owen O'Kane

LA CURA DEI 10 MINUTI

TRASFORMA LA TUA VITA UN MATTINO ALLA VOLTA

GIUNTI

Titolo originale: *Ten to zen*

Pubblicato per la prima volta nel 2018
nel Regno Unito da Bluebird,
un marchio di Pan Macmillan,
20 New Wharf Road, London N1 9RR
www.panmacmillan.com
Illustrazione di p. 78: cortesia Abi Read.

Traduzione di Alice Zanzottera per Studio editoriale Littera, Rescaldina (MI)
Realizzazione editoriale: Studio editoriale Littera, Rescaldina (MI)

www.giunti.it

Via Bolognese 165 – 50139 Firenze – Italia
Via G.B. Pirelli 30 – 20124 Milano – Italia
Prima edizione: maggio 2019
Quinta ristampa: aprile 2022

FSC
www.fsc.org
MISTO
Carta da fonti gestite
in maniera responsabile
FSC® C115118

Stampato presso Elcograf SpA, stabilimento di Cles

In memoria di mia mamma Kathleen,
che mi ha insegnato quello che c'è da sapere
sulla gentilezza, sulla compassione e su come vivere appieno.

INTRODUZIONE

Talvolta la vita è complicata e può metterci di fronte a situazioni difficili. Come psicoterapeuta, incontro spesso persone alle prese con problemi che potrebbero sembrarvi familiari.

- Vi siete mai sentiti oppressi e incapaci di reagire?
- Vi preoccupate in continuazione e vi sentite stanchi, irritabili o di pessimo umore?
- Avete perso la gioia di vivere e la voglia di ridere?
- Avete qualche difficoltà nei rapporti sociali?
- Mangiate troppo o troppo poco, oppure fate ricorso a stimoli esterni, quali alcol, farmaci, droghe, shopping, sesso e social media, per compensare il vostro disagio?
- Vi è mai capitato di sentirvi impotenti, inutili o inadeguati?

Certo, non è un elenco esaustivo, ma se queste frasi non suonano nuove alle vostre orecchie permettetemi di rassicurarvi: non siete soli. L'aiuto è qui tra le vostre mani. *La cura dei 10 minuti* vi mostrerà come gestire il disagio interiore e imparare a vivere con maggiore calma, serenità e autenticità. A raggiungere il fantomatico "zen".

Passando in rassegna le foto spensierate che affollano Facebook, Twitter o Instagram, vi è mai capitato di pensare con una certa invidia che tutte le altre persone se la passano alla grande? Può accadere anche quando siamo ben consapevoli di osservare una versione meticolosamente ritoccata della realtà. Sì, è una cosa meravigliosa condividere i momenti felici... ma gli altri? Le storie che scegliamo di pubblicare ritraggono solo ciò che vogliamo che gli altri vedano e pensino di noi, mentre di rado i nostri post riguardano le sfide che affrontiamo ogni giorno.

Quanto sarebbe liberatorio poter mostrare in modo trasparente la nostra personalità, senza dovercene scusare. Se solo potessimo essere sinceri su quanto straordinariamente complicata è la vita... In questo caos ci sono innumerevoli spunti di introspezione e un grande potenziale di crescita personale, che però riescono a emergere solo nel momento in cui ci concediamo una pausa di riflessione. La nostra è un'epoca di informazioni distorte, storie rivisitate e ritmi frenetici, e tutti noi, compresi i più giovani, ci sentiamo costretti a fare così tante "cose" da finire logorati. In questo volume vi esorterò quindi a ritagliarvi appena dieci minuti al giorno, augurandomi che questo tempo possa diventare un appuntamento importante nella vostra routine quotidiana. Vi inviterò inoltre ad affrontare alcuni aspetti spinosi della vita in modo sicuro e controllato, per aiutarvi a progredire verso una versione più autentica di voi stessi.

A tutti capitano momenti difficili, tanto nella sfera personale quanto in quella lavorativa. La soluzione che vi propongo è un punto di partenza per riacquisire il controllo di voi stessi e tornare ad affrontare la vita a mente serena e con un approccio più positivo. Non sono un mago, quindi non posso promettervi una soluzione istantanea agitando una bacchetta o ricorrendo a un incantesimo. Posso però condividere con voi alcune tecniche che daranno una svolta alla vostra esistenza. Le pratiche e i principi qui esposti sono basati su alcuni dei modelli psicologici più accreditati che impiego nella mia attività di psicoterapeuta, sul mio lavoro con i malati terminali e sulla mia esperienza personale.

UN WORKOUT CON UNA MARCIA IN PIÙ

Una delle caratteristiche che distingue il mio approccio dagli altri è la quantità di tempo che richiede: il bello di questo workout è che bastano appena dieci minuti al giorno per ottenere dei benefici. Inoltre analizza con maggiore attenzione i motivi che stanno alla base del nostro stress.

Tutti sappiamo che è impossibile non perdere mai la calma e la padronanza di sé; eppure, per quanto complesso, talvolta è essenziale ritrovare l'obiettività.

All'inizio, nel definire il mio approccio, ho riflettuto a lungo su quale fosse la forma migliore per impostare un training mentale da seguire giorno dopo giorno. In sostanza, volevo che fosse in grado di aiutare le persone a:

- trovare un modo per fermarsi e rilassarsi velocemente;
- dissipare il turbamento mentale;
- recuperare il senso della prospettiva;
- andare avanti con maggiore calma ed equilibrio interiore.

Ma come riuscirci? In principio ho pensato di ricorrere ad alcune tecniche che avevo appreso nel corso dei miei studi, tuttavia non volevo che la mia proposta si riducesse a una mera serie di competenze da acquisire. Volevo piuttosto che il mio workout incarnasse i principi base di una vita più serena e autentica. È stato questo che mi ha spinto a mettere a frutto le conoscenze che ho maturato nei miei venticinque anni di lavoro.

Ora dunque vi chiedo di aprire la mente e dedicarvi, per il tempo necessario, agli esercizi proposti. Preparatevi a guardare il mondo con occhi nuovi, ricordando che, qualunque cosa vi sia successa in passato, quel tempo è finito. L'unico momento che conta è quello che state vivendo adesso.

In questo libro troverete inoltre alcuni box intitolati **Prendetevi**

un minuto..., dove avrete l'opportunità di annotare le vostre osservazioni personali. Se preferite, potete anche usare un apposito quadernino.

COSA MI HANNO INSEGNATO I MALATI TERMINALI

Prima di abilitarmi come psicoterapeuta, ho lavorato per anni come infermiere nell'ambito delle cure palliative. Mi capitava spesso di sentire i pazienti rimpiangere il passato, perché erano convinti di aver speso il loro tempo nella maniera sbagliata. Adesso, mentre scrivo questo libro, sono uno psicoterapeuta, oltre che responsabile di reparto del National Health Service inglese.

Mi sembra ancora di sentire la voce di un degente sulla settantina che diceva: «Nella mia vita ho passato troppo tempo a preoccuparmi. Avrei dovuto imparare a fregarmene un po'».

In realtà, ho perso il conto delle volte che ho ascoltato qualcuno lamentarsi di quanto fosse stata stressante la sua vita, pentirsi di aver dato priorità alle cose sbagliate e pronunciare la fatidica frase: «Se solo potessi tornare indietro».

Quello che ho appreso da questi pazienti è che avevano l'impressione di aver dedicato troppo tempo a cose che non erano davvero importanti. Sentir ripetere quella frase ha acceso in me il desiderio di elaborare un piano per ovviare a questa tardiva presa di coscienza. Volevo condividere con un pubblico più ampio ciò che ho avuto il privilegio di imparare durante la mia esperienza da infermiere.

Al contempo, mi sono reso conto del fatto che solo pochissime persone sono in grado di ritagliarsi dei momenti da dedicare al proprio benessere mentale. Iniziare questo libro ammettendo che in parte è stato ispirato dal mio lavoro con i malati terminali potrà sembrare una scelta strana, e alcuni di voi potrebbero pensare che con questa premessa il contenuto sarà deprimente, invece vi assicuro che non c'è niente di più falso, perché è intriso di ottimismo dalla prima all'ultima pagina.

La cura dei 10 minuti è un programma di training mentale che, se praticato ogni giorno, si pone l'obiettivo di aiutarvi a vivere appieno, con maggiore consapevolezza e appagamento. Grazie al mio lavoro ho scoperto che il momento della morte impartisce molte lezioni alle persone che assistono i loro cari: lezioni di speranza, coraggio, consapevolezza e felicità, accanto ad altri utili insegnamenti per trascorrere in serenità il tempo a disposizione.

Potrei scrivere un libro intero sui racconti dei malati terminali, eppure mi sono sempre stupito di come, a prescindere dalle diverse storie personali, il filo conduttore delle loro riflessioni fosse sempre lo stesso: l'ansia, il disagio psicologico e la paura avevano spesso impedito loro di vivere con gioia e in modo autentico.

Il mio lavoro con i malati terminali mi ha messo di fronte alla vita di molte persone: i ricordi felici, le priorità, i rimorsi e i rimpianti. Ho scoperto che tutti, senza eccezioni, avrebbero voluto affrontare le cose con più leggerezza e godere dei bei momenti, dedicare maggiore attenzione alle piccole gioie quotidiane. Sono state queste riflessioni a offrirmi l'impulso per sviluppare un percorso efficace e affidabile, che possa essere seguito giorno per giorno da chiunque voglia calmare la mente e iniziare a vivere nel momento presente. In base alla mia esperienza, poche cose sono altrettanto importanti.

È stato il lavoro di infermiere a spingermi a diventare terapeuta, perché mi sono reso conto che molto spesso la sofferenza dei malati terminali non era dovuta solo al dolore fisico, ma anche a fattori di natura psicologica. Mi è capitato di assistere a casi in cui la sofferenza dei pazienti si attenuava quando riuscivano ad alleggerire la mente, cosa che mai prima di allora erano stati in grado di fare. E così ho capito che volevo aiutare il prossimo ad alleviare questo disagio psicologico. Chi può offrirci insegnamenti più saggi di una persona ormai vicina alla morte? Con immensa gratitudine nei confronti di coloro che hanno scelto di condividere con me le loro storie, mi sento in dovere di trasmettere anche a voi alcune di queste preziose lezioni.

Il mio workout è nato così. Si tratta di un percorso semplice e ben strutturato che ruba appena dieci minuti al giorno, ma garantisce benefici immensi che vi porteranno a guardare il mondo da una nuova e sana prospettiva. Gli esercizi che vi propongo possono essere eseguiti da chiunque, ovunque e in qualsiasi momento. Il bello di questo metodo sta proprio nella sua semplicità e praticità. È così facile che tutti possono introdurlo nella propria routine. Questo workout non solo si rivelerà intuitivo ed efficace, ma anche uno dei modi migliori per investire il vostro tempo.

PERCHÉ "ZEN"?

Quali immagini associate al raggiungimento dello zen? Ad alcuni di voi potrebbe venire in mente il Buddhismo Zen, il percorso spirituale, mentre altri potrebbero intenderlo nella sua accezione più generica, come sinonimo di pace interiore.

Tengo a precisare sin da ora che questo volume non trae fondamento dal Buddhismo Zen: non mi concentro né su forme pure di meditazione né sul cammino verso l'illuminazione, non faccio uso di gong né di canti e non serve nemmeno abbracciare uno specifico orientamento spirituale. Per come lo intendo e lo uso in questo volume, il termine "zen" sta a significare "massima concentrazione", "relax" o "pace interiore". Il nostro traguardo è il raggiungimento di quello stato mentale tanto sospirato cui pervengono alcune persone tramite la meditazione, in cui ci si sente in pace, consapevoli e illuminati. È tutta questione di concentrazione e, al tempo stesso, di distensione. In pratica considero lo zen come un approccio alla vita che si focalizza sulla creatività,

la semplicità e la comprensione invece che sugli obiettivi da raggiungere. Lo zen come relax, la conquista della condizione tanto agognata di calma profonda e canalizzata.
Anche se questo non è un libro sul Buddhismo, nel rendere onore agli insegnamenti della filosofia orientale, della mindfulness e della psicologia – nonché alla saggezza dei malati terminali e all'esperienza che ho accumulato nel campo della psicoterapia –, il mio auspicio è che, tramite gli esercizi che vi propongo, anche voi possiate trovare l'illuminazione, il vostro zen personale.
Da anni adotto questo metodo, presentandolo anche in numerosi workshop, e posso giurare che, seguendolo passo passo, imparerete presto ad accedere come e quando vorrete a uno stato mentale di concentrazione serena e pacifica.

COSA MI HANNO INSEGNATO I PAZIENTI

Oltre alle innumerevoli lezioni che ho imparato grazie al mio lavoro, nella vita ho dovuto superare anche numerosi ostacoli, e condividerò con voi alcuni ricordi.
Ho già avuto modo di accennare al fatto che, con la mia professione, mi capita spesso di pensare a quanto sia crudele il destino e, in questo, il fattore tempo gioca un ruolo di rilievo. Non avere abbastanza tempo, le perdite di tempo, il passare del tempo... ecco alcuni temi ricorrenti. Molte volte ho a che fare con racconti di vite e menti caotiche, di persone prive di autocompassione, incapaci di affrontare le incombenze quotidiane.
Nel corso degli anni, ho scoperto che se una persona ha livelli di stress troppo alti non importa quale terapia, corso o tecnica di respirazione le viene proposto: non riuscirà comunque a concentrarsi sugli esercizi. In una situazione come questa, per il soggetto è semplicemente impossibile dedicarsi in modo ade-

guato al metodo in questione, perché la sua mente è distratta da mille altri pensieri.
Per comprendere meglio il concetto, un'eloquente analogia è quella di "spegnere il cervello". Questo libro non è un programma psicoterapeutico, ma spero che l'applicazione delle tecniche e dei principi qui esposti vi possa permettere di acquietare i pensieri, in modo da raggiungere uno stato in cui, a prescindere da quello che la sorte vi metterà sulla strada, ogni cosa vi possa sembrare più gestibile.
La verità è che siamo tutti sulla stessa barca. Siamo tutti qui sulla Terra per un periodo imprecisato e abbiamo davanti una vita ignota da affrontare. Sta in questo la vera bellezza. Proviamo però a essere onesti con noi stessi: quante volte viviamo il momento fino in fondo?

PRENDETEVI UN MINUTO...

Tanto per cominciare, concedetemi di porre due semplici domande.
Sedetevi, chiudete gli occhi e chiedetevi:

1. «Sto veramente vivendo come voglio?»;
2. «Di solito la mia mente è serena e distesa?».

Se avete risposto «no» a una o a entrambe le domande... benvenuti tra gli esseri umani e complimenti per aver scelto questo libro.
Io non so leggere nel pensiero, ma, visto che l'avete comprato, immagino che vogliate cambiare qualche aspetto della vostra vita. La mia promessa è che, concedendovi pochi minuti al giorno, riuscirete a concretizzare la svolta di cui avete bisogno.

COME FUNZIONA QUESTO LIBRO

Il volume che avete tra le mani è suddiviso in due parti: la prima spiega in modo breve e conciso il funzionamento del cervello, espone le ricerche e le teorie sottese al programma e il motivo per cui ho scelto di ripartirlo in dieci minuti al giorno.
La seconda segue approssimativamente la stessa scansione dei passi, che corrispondono ai singoli minuti dell'allenamento. L'intero programma viene riassunto alla fine del libro, a pagina 141.
Nella prima parte ho scelto di intervallare i passi con qualche riflessione generale ed esercizio psicologico che introducono ai dieci minuti di workout. Questi brevissimi esercizi – segnalati dall'invito **Prendetevi un minuto...** – sono parte integrante dell'allenamento: vi aiuteranno ad assumere un approccio più gentile verso voi stessi, vi garantiranno una maggiore efficacia nell'affrontare le emozioni negative e, in generale, vi permetteranno di liberare la mente dallo sgradito bagaglio che tutti noi ci portiamo dietro. In questo modo, potrete raggiungere lo zen molto più in fretta. Sarà un po' come fare ordine nella vostra mente!
Ho inoltre incluso diversi casi di studio e aneddoti tratti dalla mia esperienza di terapeuta (modificando i nomi e i luoghi per garantire l'anonimato dei miei assistiti).
Voglio precisare sin da ora che non sarà necessario attenersi rigorosamente alla durata proposta, e che ciascuno si troverà più o meno a proprio agio con i vari esercizi e aspetti del workout. C'è chi scoprirà di volersi concentrare sulla mindfulness e chi, invece, preferirà la respirazione.
Sentitevi liberi di dedicare maggiore attenzione alle parti che vi sembrano più congeniali e di adattare il metodo alle vostre esigenze. Vi consiglio quindi di leggere il libro da cima a fondo e, dopo averne compreso il quadro generale, di concentrarvi su ciò che ritenete più utile.
L'obiettivo del mio programma è ridurre a poco a poco i livelli

di ansia, fino a quando il cervello non sarà abbastanza sgombro da riuscire a pensare lucidamente. Non posso promettervi che la pratica vi renderà perfetti, ma di sicuro farà diventare tutto più facile.

Inoltre, soprattutto nei primi capitoli, presenterò a grandi linee anche gli studi neuroscientifici su cui si fonda questo allenamento. Ritengo infatti importante dimostrare come i contenuti che vi esporrò abbiano una solida base scientifica. Oltretutto, sono convinto che spesso le tecniche risultino più efficaci se si comprende *il motivo* per cui funzionano. In ogni caso non entrerò troppo nel dettaglio: benché le neuroscienze ne costituiscano l'ossatura teorica, rappresentano soltanto una parte del mio metodo (e poi, diciamolo... non voglio spaventarvi!). Accanto a questa cornice si collocano quelli che definisco "principi di vita", che tratterò nei prossimi capitoli.

In sostanza, per trarre il massimo da questo volume, è importante anzitutto leggere con attenzione i primi capitoli. Certo, potete anche saltarli e passare direttamente al workout vero e proprio, ma, così facendo, non otterrete granché.

FORSE È LA VOSTRA MENTE A TENERE LE FILA

So bene che molti di voi potrebbero elencare tutta una serie di fattori che impediscono di vivere appieno o di mantenere una maggiore calma mentale: problemi economici, difficoltà relazionali, un vicino di casa fastidioso, un capo prepotente o eventi passati che continuano a essere fonte di angoscia.

Sono tutte preoccupazioni più che legittime, ma vi siete mai fermati a riflettere su quanto la mente, grazie alla sua straordinaria capacità di elaborazione e interpretazione degli eventi, possa influire su *come* vivete e affrontate la quotidianità?

Alcune ricerche svolte nel campo delle neuroscienze e della psicologia sono giunte alla conclusione che la mente influenza ogni aspetto della nostra vita. Il problema è che non sempre questa influenza è positiva.
Spesso la mente è portata a divagare se non viene adeguatamente tenuta a freno. Trovo piuttosto curioso che ci preoccupiamo di ogni altro aspetto di noi stessi, disinteressandoci della mente. È come se fossimo convinti che può cavarsela da sola, come se ogni suo processo fosse guidato da una sorta di pilota automatico. Benché in parte sia vero, abbiamo comunque un ampio margine di controllo sui nostri pensieri, pertanto un allenamento quotidiano può rappresentare un ottimo modo per cominciare a esercitare e consolidare questo controllo. Ed è qui che entra in gioco *La cura dei 10 minuti*, un metodo concepito per aiutarvi a conquistare una vita più equilibrata e a evitare di diventare prigionieri dei capricci della mente.

LA CURA DEI 10 MINUTI: I BENEFICI REALI

Molti libri di self-help promettono di rivoluzionare completamente l'esistenza del lettore. Il mio no. Non posso modificare le circostanze della vostra vita, ma posso aiutarvi a scegliere in quale modo affrontarle, mettendovi a disposizione alcuni strumenti che vi permetteranno di reagire in modo utile. Vi posso promettere che, se sceglierete di raccogliere la sfida, il vostro approccio alla quotidianità cambierà radicalmente e adotterete un'ottica più positiva e piena di speranza.
Questo workout trae origine dai miei anni di esperienza e di formazione professionale, ma anche da un'analisi ragionevole di ciò che funziona davvero.
Tutti i contenuti proposti in questo libro sono suffragati da ri-

cerche scientifiche che ne dimostrano l'efficacia e i benefici per la mente. Anziché lasciarvi naufragare in un mare di citazioni e articoli, vi riassumerò brevemente gli effetti che si ottengono quando ci rilassiamo, disinneschiamo il nostro "stato d'allerta", sgombriamo un po' di spazio mentale e ci trattiamo con più gentilezza:

- le risonanze magnetiche hanno rilevato cambiamenti positivi nel cervello, tra cui una migliore gestione dello stress e un potenziamento della funzionalità mentale;
- la salute fisica e mentale migliora;
- le relazioni sociali si rafforzano;
- diventiamo più produttivi e creativi e ci ammaliamo meno;
- cambia il nostro modo di vedere il mondo;
- affrontiamo la vita con maggiore serenità e calma;
- diventiamo più felici.

Insomma, cominciamo a vivere anziché limitarci a esistere. Spero con tutto il cuore che durante questo percorso insieme deciderete di vivere appieno e che riuscirete ad apportare alla vostra quotidianità i cambiamenti che meritate.

LA MIA ESPERIENZA

Adesso che avete scoperto qualcosa del mio background professionale, potrebbe tornarvi utile conoscermi un po' come persona. Vivo con il mio compagno storico Mark e una cagnolona di nome Kate. Lei sì che sa prendere la vita per il verso giusto! Se volete davvero imparare a premere il tasto "pausa" e recuperare il senso della prospettiva, vi consiglio di osservare un cane che si rilassa. Ai miei occhi, loro sono dei veri maestri zen.
Oltre alle consuete passeggiate con Kate, mi piace andare a corre-

re perché mi schiarisce le idee. Non sono un atleta, ma ho corso comunque qualche maratona.

C'è una ragione se mi soffermo sulla corsa: ogni volta che ho partecipato a una maratona, ho sempre portato con me l'abbonamento dei mezzi pubblici, nel caso in cui a un certo punto mi fossi dovuto fermare e avessi avuto bisogno del treno per rientrare. A parer mio, riuscire a raggiungere l'obiettivo dei quarantadue chilometri è più questione di resistenza mentale che fisica. In passato, ci sono stati attimi in cui per lo sfinimento ho pensato di mollare. Poi però mi prendevo una pausa per tirare il fiato, concentrarmi, fare ordine mentale e tornare ad affrontare la sfida con questa attitudine che, bene o male, mi portava sempre a tagliare il traguardo. Ora capisco che, in un certo senso, stavo mettendo in pratica il mio metodo ancor prima di elaborarlo. Forse molti già lo fanno. Di questi tempi, a tanti di noi la vita sembrerà una corsa infinita e perciò mai quanto adesso è importante ritagliarsi un momento per fermarsi e ritrovare il proprio equilibrio interiore. In tal modo potremo affrontare più agevolmente la nostra maratona.

UN PIZZICO DI BUONSENSO

Sono convinto del fatto che, in termini di benessere mentale, sia necessario usare il buonsenso. Non voglio offrirvi una lettura pesante e noiosa, ma un'esposizione chiara e accessibile. È per questo motivo che cerco di renderla lineare e corredarla di prove scientifiche per evitare che possa sembrare campata per aria.

Forse alcune persone esigono teorie complesse, analisi puntuali e la continua ricerca di un significato psicologico più profondo, ma non funziona per tutti. Non mi sento né di giudicare né di criticare quei colleghi che adottano simili approcci terapeutici, poiché talvolta sono di cruciale importanza e urgenza. Ma non è questo l'obiettivo del mio libro.

Ciò che mi sta maggiormente a cuore è aiutare gli altri a vivere meglio e a capire un po' di più il funzionamento delle loro menti per riuscire a ridurre i livelli di stress.
A volte noi psicoterapeuti commettiamo l'errore di adoperare un linguaggio accademico infarcito di paroloni che serve solo a confondere i nostri ascoltatori. Io credo che sia fondamentale prestare più attenzione a cosa desiderano i pazienti, ai quali, in base alla mia esperienza, interessa soltanto sentirsi meglio.
Un metodo chiaro, realistico, scientificamente fondato e in grado di ottimizzare i tempi può di sicuro funzionare, e non solo per dieci minuti al giorno, ma piuttosto come stile di vita. È come avere il giardino di casa in disordine: se non si dedica regolarmente un po' di tempo alla pulizia e alla cura delle piante, sarà presto invaso dalle erbacce. Allo stesso modo il nostro cervello ha bisogno di cure quotidiane affinché non si arrivi a perdere il controllo. Occorre quindi ritagliarsi il tempo necessario per fare ordine nel caos.
Questo programma richiede appena dieci minuti al giorno. Se poi si vorrà prolungare la durata dell'esercizio oppure impiegare le tecniche in momenti diversi sarà tutto di guadagnato. Credo che sia un immenso vantaggio saper adottare un approccio più proattivo per provvedere al nostro benessere mentale ed evitare di sentirci schiacciati nei momenti più impegnativi. Queste esperienze possono rivelarsi di grande crescita e scoperta interiore, se concediamo alla nostra mente di accoglierle. Come mi ripeteva sempre mia madre: «Non si può apprezzare l'estate senza aver visto l'inverno».
Dunque, prepariamoci alla nostra avventura. A me e a molti pazienti con cui ho lavorato ha già cambiato il modo di approcciarsi alla vita. Oggi è un nuovo inizio, oggi è il giorno in cui cominciate a prendervi cura della vostra mente.
Vi assicuro che non vorrete tornare indietro e sono lieto che abbiate scelto di unirvi a me.

PRIMA PARTE

LA CORNICE DELL'ALLENAMENTO

DIECI MINUTI PER ESSERE ZEN

Qualche anno fa lavoravo in una clinica privata e seguivo una signora che chiamerò Jane.

Questa donna aveva mille grattacapi e, come parte del percorso terapeutico, le proposi di dedicare mezz'ora al giorno alla meditazione. Le feci avere una registrazione e tutte le istruzioni del caso. Jane, che non aveva mai fatto meditazione in tutta la sua vita, seguì le mie indicazioni per alcune settimane, ma un giorno si presentò per una nuova seduta di pessimo umore.

Quando indagai insieme a lei il motivo di quell'irritazione, mi disse senza mezzi termini che la colpa era della mia proposta terapeutica. «Ho quattro bambini, un lavoro a tempo pieno, un marito alcolizzato e lei mi viene a dire di rilassarmi e praticare la meditazione per mezz'ora al giorno?» sbottò. «Questa tecnica con me non funziona, ho mille cose da fare e sono troppo stressata per meditare!»

Mi feci piccolo piccolo per l'imbarazzo, ma quelle parole sono state una specie di illuminazione. Praticavo la meditazione ed ero abituato a ritagliarmi i miei spazi, quindi avevo commesso la leggerezza di dare per scontato che anche gli altri ci sarebbero riusciti senza problemi. La verità è che, il più delle volte, non è così. Jane mi ha aperto gli occhi e mi ha fatto capire che la maggior parte delle persone non ha a disposizione mezz'ora al giorno per meditare, né la possibilità di prendere delle ferie per fare un ritiro spirituale. A quel punto ho iniziato a ragionare sull'eventualità di elaborare un metodo più rapido.

Mi sono accorto, infatti, che molti corsi, seminari e manuali di self-help e di psicologia richiedono un grande investimento di denaro ed energia. È opinione comune che fare terapia può essere dispendioso, in termini sia di costi sia di tempo, e per molte persone queste risorse sono limitate. Per questo motivo sono fiero di aver sviluppato un allenamento mentale accessibile, realistico ed estremamente efficace che richiede solo una manciata di minuti. Tutto qui.

Jane aveva bisogno di un programma che fosse compatibile con il poco tempo che aveva a disposizione. A quel punto ho pensato che chiunque riesce a ritagliarsi dieci minuti al giorno per lavarsi i denti e farsi una doccia, e ho cominciato a spremermi le meningi per trovare una soluzione che permettesse a tutti di prendersi cura della propria mente così come si fa per il corpo. Essere riuscito a riconoscere che per la maggior parte delle persone è una sfida trovare più di dieci minuti nell'arco di una giornata per concentrarsi sulla meditazione o sulla respirazione consapevole costituisce il fulcro della mia tecnica e della sua efficacia.

LA CREAZIONE DI SPAZIO MENTALE

Jane mi ha anche permesso di capire che, per riuscire a trovare la giusta predisposizione mentale per la respirazione e la riflessione, era necessario ridurre i livelli di stress e di allerta. Probabilmente tutti noi in un momento di difficoltà ci siamo sentiti dire: «Non preoccuparti, fa' un bel respiro e ti sentirai meglio». Senza dubbio chi ce l'ha detto era animato dalle migliori intenzioni, ma la verità è che al cervello potrebbe servire un incentivo in più per calmarsi velocemente.

La cura dei 10 minuti offre una guida specifica per rallentare il ritmo dei pensieri e creare questo indispensabile spazio mentale.

COSA RACCHIUDONO QUESTI DIECI MINUTI?

Potranno anche sembrarvi pochi; ma non lasciatevi ingannare, perché in questi dieci minuti ho condensato molte preziose informazioni.
Il workout si sviluppa sostanzialmente su due livelli:

- un livello "base", che comprende le abilità pratiche quali respirazione, meditazione e mindfulness, ossia gli strumenti indispensabili per perfezionare gli esercizi;
- un livello "alto", nel quale sono compresi quelli che ho chiamato "principi di vita" e che entreranno a far parte della vostra routine quotidiana e potrete impiegare quando vorrete.

Le abilità pratiche vi aiutano a tenere a bada i pensieri, cambiare prospettiva e affrontare le vostre giornate con maggiore elasticità mentale.
I principi di vita, invece, prevedono la comprensione e la messa in pratica di determinati "impegni" chiave, che si fondano sui valori dell'accettazione, della compassione e dell'autenticità. Io me li immagino come una specie di "mantello mentale" che indosso ogni mattina e che mi aiuta ad affrontare la giornata. Lo farete anche voi per il tempo del vostro allenamento, e vi servirà sia come promemoria sia come forma di responsabilizzazione nei confronti di voi stessi.
Entrambi i livelli traggono origine dalle competenze, dalle tecniche e dai principi adottati negli ambienti terapeutici che mi hanno formato. Tra questi si annoverano la mindfulness, la terapia cogni-

tivo-comportamentale (TCC), la desensibilizzazione e rielaborazione attraverso i movimenti oculari (EMDR) e le terapie interpersonali e focalizzate sulla compassione. Tutti questi approcci si sono dimostrati dei validi contributi per una vita più felice.
Vorrei ora illustrarvi brevemente le loro caratteristiche più peculiari.

- La **mindfulness** propone un approccio basato sul vivere il momento presente senza restare eccessivamente attaccati al passato e senza pensare troppo al futuro.
- Le **terapie interpersonali e focalizzate sulla compassione** esplorano il modo in cui ci rapportiamo a noi stessi e agli altri, insegnandoci a trattarci e a trattare il prossimo con maggiore compassione e gentilezza.
- Il **tapping** è un'efficace tecnica impiegata per favorire la lucidità mentale e per riuscire a raggiungere velocemente una comfort zone in cui tutto si può placare e il sistema di allerta mentale può essere tenuto sotto controllo. (È noto anche con il nome di "stimolazione bilaterale" e spesso viene usato come tecnica di rilassamento nell'EMDR, una terapia per il trattamento dei traumi.)
- La **terapia cognitivo-comportamentale** si concentra sul rapporto tra il modo di pensare e il modo di sentire. Sfrutteremo le tecniche della TCC per imparare a sbarazzarci degli schemi mentali dannosi.

Ho scelto di prendere in prestito le tecniche di questi approcci terapeutici perché sono in grado di calmare la mente in fretta e in modo sicuro e controllato.
Ricordate sempre: *La cura dei 10 minuti* è un allenamento che permette di trovare l'equilibrio e sentirsi meglio, ma non è una terapia. In sostanza, vi renderà più calmi e concentrati, e all'occorrenza vi consentirà di trasformarvi negli psicologi di voi stessi.

PERCHÉ LA TCC E LA MINDFULNESS?

Utilizzo la mindfulness e la TCC perché sono convinto che talvolta i nostri pensieri possano diventare dei demoni e dare origine a una grande sofferenza mentale. E tutti noi trattiamo questo genere di dolore alla stregua di quello fisico: tentiamo di farlo passare.

In realtà dovremmo ascoltare quel disagio perché ci sta comunicando qualcosa di importante. Nel mio lavoro mi capita spesso di incontrare persone che tentano in tutti i modi di scappare o di reprimere le emozioni negative, quando invece dovrebbero considerarle come delle indicazioni stradali, perché possono rappresentare un sentiero verso l'equilibrio personale e il raggiungimento della felicità. Mi soffermo su questo argomento perché a volte è necessario affrontare i sentimenti e i pensieri che sono alla base del nostro disagio: all'inizio basta prendere atto della loro esistenza; poi, una volta riusciti a comprenderne il senso, possiamo decidere quali non meritano la nostra attenzione.

Come ho già avuto modo di spiegare, questo libro si distingue dagli altri perché non si limita a fornire degli strumenti pratici (come la meditazione, la mindfulness e così via), ma vi permette anche di approfondire i vostri valori e capire come vivere in modo autentico. Nel corso dei capitoli indagherò il funzionamento di ciascuna fase. Comunque, vi offro fin da subito un piccolo assaggio di quel che verrà, in modo da non farvi diventare troppo impazienti (che non è il massimo quando ci si sforza di ritrovare la calma!).

L'aspetto pratico del workout comprende:

- l'**interruzione** della serie di pensieri che genera ansia;
- il ricorso alla **mindfulness** e alla **psicoterapia interpersonale** per capire cosa vi sta succedendo;

- l'uso di **tecniche terapeutiche** per rallentare l'attività mentale e creare una zona sicura dove potersi fermare e tirare il fiato;
- l'uso di **tecniche di respirazione** per ridurre ulteriormente la confusione mentale e passare a uno stato di maggiore calma;
- la riorganizzazione di ogni pensiero negativo tramite la **terapia cognitivo-comportamentale**;
- l'applicazione della **mindfulness** e della **consapevolezza del momento presente** per dissipare la confusione mentale;
- il "mantello mentale", che rappresenta la vostra **accettazione**, **compassione** e **autenticità**;
- l'attitudine nell'affrontare la giornata con **consapevolezza**, **coraggio** e **speranza.**

Per molte persone è difficile trovare del tempo per fermarsi, ma non è un'impresa impossibile. Non si tratta solo di prendersi una pausa: significa ritagliarsi un momento per ricaricare il cervello.

Voglio che i dieci minuti che dedicate a questo workout diventino una parte concreta e utile della vostra routine quotidiana, capace di modificare i vostri processi mentali e il vostro approccio alla vita.

Il concetto di "mantello mentale" a cui per ora ho solo accennato sarà approfondito nel capitolo dedicato al minuto 10. Per il momento, vi basti sapere che le tecniche psicologiche per rallentare il flusso dei pensieri non richiedono solo abilità pratiche. Il mantello dovrebbe essere indossato ogni giorno, perché è d'aiuto nei momenti di difficoltà o quando la mente vi rema contro, instillandovi la convinzione di essere deboli o inadeguati. Grazie a questo workout imparerete ad adottare un tono meno duro verso voi stessi.

La cura dei 10 minuti funziona! Ma ricordate comunque che non è fatta di sola pratica: è un nuovo modo di vivere e un diverso approccio per relazionarsi agli altri e a noi stessi.

L'IMPEGNO VERSO IL CAMBIAMENTO

Di recente ho seguito un giovane alla soglia dei trent'anni che chiamerò Joe. È una persona brillante, sveglia e di un'ironia pungente. Voleva migliorare la propria autostima e imparare a preoccuparsi di meno. La terapia è stata un percorso difficile per lui, poiché doveva dare un senso ai numerosi eventi complessi della sua vita.

Un giorno, durante una seduta, Joe mi ha chiesto con un'espressione un po' furbetta se esistesse una soluzione più facile per aiutarlo ad affrontare meglio la vita. Quando ho provato a capire cosa volesse dire, la sua risposta mi ha strappato un sorriso: «Non ha niente da propormi che non preveda sforzi da parte mia? Come quando non hai voglia di cucinare e compri un piatto pronto?». Ci abbiamo riso un po' su, ma non vi sorprenderà scoprire che Joe sapeva già che, purtroppo, in questo campo non esistono scorciatoie. Il cambiamento richiede tempo e Joe aveva bisogno di dedicare ogni giorno qualche momento agli aspetti principali della sua vita che voleva modificare, prima di poter davvero voltare pagina.

Cionostante, Joe è ben presto riuscito a mettere in atto i miei insegnamenti e a trasformare la propria esistenza in modo radicale e positivo. Non è stato un percorso facile, ma ha avuto la forza di cambiare prospettiva, passando dalla convinzione di essere una nullità a credere nel proprio valore, tanto che alla fine ha trovato il coraggio di dedicarsi a realizzare il suo sogno d'infanzia e ha iniziato a studiare giornalismo.

IMPEGNARSI CONSAPEVOLMENTE

Non basta voler cambiare per riuscire a farlo. Questa riflessione mi ricorda un altro aneddoto: era una freddissima giornata d'inverno e mi trovavo a Londra per tenere un corso in un'azienda. Come sempre, ho cominciato con una breve introduzione e ho chiesto se ci fosse un volontario disposto a raccontare agli altri il suo modo di approcciarsi alla vita. Ha iniziato Mary, che ha delineato un quadro fin troppo familiare.

«Mi sembra di essere in balia degli eventi, come se navigassi a vista e non avessi un vero scopo, una reale passione o una direzione precisa. Mi capita spesso di sentirmi sopraffatta, non riesco a pensare con lucidità né a prendere decisioni. Percepisco la mia mente come un nemico sempre pronto a darmi contro, criticarmi e pensare al peggio. Come se non bastasse, sono quasi sempre stressata e stanca.»

Per fortuna, il mio workout in dieci minuti l'ha aiutata a far chiarezza sul modo in cui i suoi schemi mentali negativi le stavano impedendo di raggiungere la felicità. Una volta compreso questo punto, è riuscita a trasformare il suo approccio alla vita e a far fronte alle sfide quotidiane. *La cura dei 10 minuti* le ha aperto gli occhi, consentendole di adottare un nuovo modo di pensare e comportarsi, che le ha permesso di apportare enormi cambiamenti nella sua quotidianità.

Se le parole di Mary vi suonano familiari, allora è giunto il momento di svegliarvi e considerare la possibilità di prendere in mano la situazione. Quello non è vivere, ma votarsi a un'esistenza che vi sta stretta. Ricordate sempre che avete il potere di migliorare la vostra condizione. Prepariamoci dunque a scoprire l'esercizio successivo. Ora vi invito a *fermarvi* e a ritagliarvi del tempo per riflettere.

PRENDETEVI UN MINUTO...

Volete veramente cambiare e iniziare a vivere con maggiore consapevolezza e calma, anziché limitarvi a condurre un'esistenza che vi sta stretta?

Annotate brevemente qui sotto, o sul vostro quadernino, i pensieri e le sensazioni che vi sono passati per la testa.

....

....

....

....

....

....

Se avete risposto «sì» alla mia domanda, fantastico! Potrebbe essere un enorme passo avanti. Se invece la vostra risposta è «no», proseguite comunque con la lettura: potreste iniziare a pensarla diversamente! Prima di passare all'esercizio successivo, vi consiglio di leggere questa breve considerazione sul cambiamento.

CAMBIARE RICHIEDE TEMPO

Il vero cambiamento richiede tempo e impegno e, all'inizio, può far paura perché porta a uscire dalla propria comfort zone. Il nostro lato timoroso ci spinge a opporci alla trasformazione e a nascondere la testa sotto la sabbia, ma questo programma vi incoraggerà ad accoglierla a braccia aperte. È assumendovi il rischio

di cambiare che potrete crearvi nuove occasioni. Non siete soli. Se state leggendo questo libro, vuol dire che state cercando di dare un senso alle cose che talvolta possono apparire prive di significato. Rincuoratevi pensando di far parte della comunità della *Cura dei 10 minuti*, ossia un gruppo di persone che ha scelto di vivere appieno e di non accontentarsi più di esistere.
Inizia tutto da voi e le "regole" sono poche.

PRENDETEVI UN MINUTO...

Ecco un'altra domanda sulla quale vi invito a riflettere. Siete disposti a investire dieci minuti al giorno per cominciare *La cura dei 10 minuti*?

PERCHÉ "WORKOUT"?

Ecco secondo me come stanno le cose. Se ritenete sensato ciò che dico, allora la scelta di impegnarvi a seguire questo workout farà la differenza. Non uso la parola "workout" a caso: *La cura dei 10 minuti* è a tutti gli effetti un allenamento mentale, che consente di far proprio un approccio che dà davvero valore alla vita. Funziona come un training fisico, per il quale è necessario frequentare la palestra con regolarità, e magari migliorare anche la propria alimentazione, se si vogliono vedere i benefici.
La mente funziona nello stesso modo: la alleneremo, la rafforzeremo e faremo in modo di renderla più flessibile, esattamente come per il corpo. Ricordate, però, che l'adesione è fondamentale: non basta conoscere la teoria, bisogna tradurla in pratica. L'accordo che dovete sottoscrivere è questo: parteciperete quando vi sentirete pronti. Ciò significa che, oltre all'impegno, dovrete dare priorità a questi dieci minuti, considerandoli un momento chiave della giornata. Dopotutto, i miei consigli e il contenuto del libro

rappresentano solo una delle due parti in gioco; spetta a voi concludere l'intesa.
Allora... affare fatto?

PRENDETEVI L'IMPEGNO

Se allora siete convinti, vi invito a fare una cosa semplicissima...

PRENDETEVI UN MINUTO...

Ora raccoglietevi, chiudete gli occhi e fate qualche respiro profondo. Componete una frase breve e personale che metta nero su bianco l'impegno di ritagliarvi dieci minuti al giorno per dedicarvi a questo workout e prendervi cura del vostro benessere mentale.
Se può essere d'ispirazione, condivido con voi quello che ho scritto io: «Mi impegno a esercitarmi con me stesso ogni giorno e a prendermi cura della mia mente con amore».
Scrivete qui sotto, o sul quadernino, il patto che stringete con voi stessi. Se volete, potete fotografarlo per averlo sempre sul cellulare, come promemoria dell'impegno che avete assunto.

....

....

....

....

....

....

....

....

PERCHÉ AIUTA

Potrebbe esservi utile ascoltare la storia di chi, assumendosi questo semplice impegno, ha fatto notevoli progressi. Peter è un mio paziente che soffre molto lo stress quando si trova costretto a prendere l'aereo per i viaggi di lavoro.

Qualche tempo fa mi ha raccontato di un'esperienza angosciante che ha vissuto durante un volo particolarmente turbolento: «Credimi, ho cominciato a immaginare di tutto: dall'incidente all'attacco terroristico... mi sono addirittura preoccupato del fatto che il pilota potesse aver commesso qualche errore. Mi è venuta la tachicardia, ho cominciato a sudare freddo e a non vedere l'ora di scendere».

Va da sé che nessuna delle paure di Peter aveva il minimo fondamento. Eppure è riuscito a mettere in atto le tecniche di cui vi ho parlato per prendere le distanze dalle sue preoccupazioni e capire che la sua mente stava divagando, presentandogli gli scenari più catastrofici.

La pratica del tapping e gli esercizi di respirazione, che analizzeremo nei capitoli dedicati ai minuti 2 e 3 e ai minuti 4 e 5, hanno avuto l'effetto di calmarlo e adesso riesce persino ad apprezzare il volo, perché è consapevole di poter fare affidamento su validi strumenti ogni volta che si sente attanagliare dall'ansia o dalla paura. Ha imparato a tenere a bada i pensieri negativi e rientrare in uno schema mentale più razionale e fruttuoso.

La cura dei 10 minuti promuove un senso di sicurezza e controllo che aiuta a gestire le situazioni difficili e le circostanze che generano angoscia. Se in determinate condizioni vi capita di provare una certa tensione (come succede alla maggior parte delle persone), allora vi sarà molto utile prendervi del tempo per fare ciò che vi propongo. Talvolta si può addirittura provare ansia o preoccupazione senza riuscire a definirne il motivo; ciò avviene perché la mente entra in "modalità antiminaccia" anche quando non ce n'è bisogno. In questo caso diventa necessario disinnescare il nostro sistema d'allarme e riuscire a farlo ci consente di riacquistare il controllo e, di conseguenza, la capacità di ragionare con lucidità (approfondirò l'argomento nel capitolo dedicato ai capricci della mente).

PRENDERSI CURA DELLA MENTE

Rifletto spesso su quanta attenzione prestiamo all'aspetto, ai vestiti, al lavoro, alla busta paga e così via, quando poi trascuriamo la mente. Eppure è da lì che traggono origine molte delle nostre angosce. Ammettiamolo: a volte la mente sembra un trapezista che salta di ansia in ansia, con un'agilità e una prontezza di riflessi che farebbero impallidire molti atleti olimpici!

Qualche volta ho attraversato anch'io dei momenti bui in seguito a eventi di una certa gravità, come lutti, delusioni amorose o periodi particolarmente complessi e impegnativi. In quei casi mi accorgevo di provare la solita serie di emozioni negative, ma avevo l'impressione che il cervello le acuisse. Sembrava che il mio "meccanismo antiminaccia" cerebrale, ovvero l'amigdala, fosse iperattivo. Ce la mettevo tutta per elaborare quel coacervo di emozioni, e anche la mia amigdala si dava da fare... ma nel peggiore dei modi. Il punto è che, a prescindere da cosa stia succedendo nella vostra vita, non sempre il cervello agisce nel vostro interesse.

Abbiamo tutti la nostra storia e tutti dobbiamo far fronte ai nostri problemi: smarrimento, rifiuto, abbandono e qualsiasi altra difficoltà ci abbia riservato la sorte. In ogni caso questi sono aspetti della vita che non definiscono chi siamo; possono semmai modellarci in base a come scegliamo di affrontarli.

A tutti è capitato di sentire la frase: «La mente mi ha giocato un brutto scherzo». Be', la vostra mente può fare mille cose diverse di cui adesso non siete consci: per esempio cancellare verità scomode, oppure alterare o rendere catastrofici altri scenari. Nella nostra quotidianità, questi fenomeni possono manifestarsi in molti modi diversi:

- l'occhiata divertita del capo potrebbe non significare che ha deciso di licenziarvi;
- il vostro partner può ancora essere innamorato di voi anche se ieri non vi ha mandato un messaggio;
- se vi è capitato di commettere uno sbaglio non significa che siete dei perfetti incapaci;
- se alla fine di un litigio vostro figlio adolescente ha urlato che vi «odia», non significa che sia la verità, magari nel giro di poco verrà a dirvi che vi vuole bene;
- se oggi il barista vi ha lanciato un'occhiataccia, non è detto che gli stiate antipatici: forse aveva solo la luna storta.

A volte il cervello ha bisogno di una "minivacanza", proprio come al corpo serve qualche attimo di riposo nel corso della giornata, per mantenere l'obiettività. Per riuscirci, però, è necessario comprendere il motivo che ci spinge a reagire in un determinato modo. Questo libro è stato concepito proprio per aiutarvi a farlo, al fine di adottare un approccio alla vita più calmo, sereno e flessibile. Sono certo che concorderete con me: con una posta in gioco così alta, dieci minuti al giorno sono una sciocchezza!

PRENDETEVI UN MINUTO...

Permettetemi di porvi la seguente domanda...
Quanto spesso vi fermate per prestare attenzione al vostro benessere ed equilibrio mentale?
Rifletteteci bene...
Che risposta avete dato?

Immagino che la maggior parte di voi avrà risposto con un «mai», «quasi mai» oppure «non abbastanza» perché «non ho tempo». Se così fosse, allora siete i benvenuti. Probabilmente darete una risposta diametralmente opposta quando inizierete a sperimentare i benefici del vostro impegno verso un cambiamento concreto.
È inevitabile che la nostra mente si scateni se non riceve abbastanza attenzioni, e questo comporta numerose conseguenze negative. Le mie conoscenze professionali, l'esperienza e la passione mi hanno dimostrato che a tutti noi serve capirla un po' meglio e tenerla in grande considerazione. Dovremmo anche cambiare l'approccio verso noi stessi, trattandoci con maggiore gentilezza e compassione. Prestare attenzione alla mente ed essere comprensivi sono gli elementi chiave per migliorarci.
Quindi preparatevi, accettate l'immenso caos dell'essere creature umane e fatemi compagnia lungo questo percorso per recuperare una maggiore serenità mentale in soli dieci minuti al giorno. Siete sulla buona strada, quella che conduce al cambiamento.

I CAPRICCI DELLA MENTE

Vorrei aprire questo capitolo raccontandovi cosa è capitato al partecipante di uno dei miei corsi. John ha confessato di essere portato a pensare sempre al peggio, in qualsiasi situazione. Una volta ha accompagnato sua madre in ospedale per un controllo, perché aveva mal di stomaco. Durante la visita, lui è andato a bere un caffè e, quando è tornato, sua madre non c'era. Si è quindi rivolto al dottore, che gli ha risposto che se n'era andata. A quel punto John si è accasciato a terra ed è scoppiato a piangere: credeva che fosse morta. Pochi secondi più tardi, ancor prima che il medico riuscisse a spiegargli l'equivoco, sua madre è tornata, dicendo di stare benone e di essere sollevata perché il dottore le aveva diagnosticato un semplice meteorismo. In quell'occasione, il cervello di John era partito per la tangente e da una manciata di informazioni si era inventato su due piedi una storia *estrema*.

Quante volte ci capita di reagire come è successo a lui?

Dunque, prima di arrivare ad affrontare il vero e proprio workout, vi chiedo di avere ancora un po' di pazienza e di continuare a leggere, perché comprendere il funzionamento del cervello nei momenti di stress vi permetterà di trarre il massimo beneficio dai vostri esercizi. So bene che, nel sentir parlare di cervello e neuroscienze, alcuni dicono «non fa per me», ma credetemi: conoscere i meccanismi mentali sarà un'esperienza liberatoria, perché finalmente capirete che non siamo il contenuto della nostra mente.

IL CIRCUITO CEREBRALE

Il cervello assomiglia a un ammasso di gelatina ed è un po' il nostro computer. Assorbe molte informazioni, fin dall'istante in cui veniamo alla luce. Negli anni dello sviluppo tende a non distinguere troppo tra ciò che è vero, sensato e giusto e ciò che non lo è; si limita ad assorbire qualsiasi cosa gli venga offerta dall'esperienza. E su questo processo non abbiamo alcun controllo.

Tuttavia, il cervello in seguito sviluppa plasticità, che sostanzialmente non è altro che la capacità di rafforzarsi e modificarsi nel corso del tempo, diventando flessibile e adattabile. Se negli anni della crescita tutto fila liscio, ciò avviene in modo corretto. Però, siccome nella vita non sempre va tutto come previsto, se ci troviamo a far fronte a situazioni complicate o problematiche lo sviluppo del potenziale e della flessibilità cerebrale può essere ostacolato. Si creano anche le connessioni neurali, che possiamo considerare come una sorta di circuiti, programmate per ricevere informazioni dal sistema nervoso periferico e trasmetterle al cervello, e che connettono reciprocamente le varie aree cerebrali. Le connessioni neurali servono a determinare il modo in cui l'informazione viene trasmessa ed elaborata. Non preoccupatevi, ve la farò semplice: se cado e mi sbuccio un ginocchio, il sistema nervoso periferico trasmette al cervello un impulso che lo informa della lesione. Il cervello allora attiverà i recettori del dolore e da lì innescherà una catena di reazioni.

Mentre la rete neurale si sviluppa, gli schemi di pensiero, comportamento e reazione cominciano a presentarsi ogni volta che insorge un impulso.

In buona sostanza, siamo come dei computer particolarmente complessi che ricevono moltissimi dati. A ogni impulso, si attivano i meccanismi preposti al funzionamento cerebrale: come pensiamo, come ci sentiamo, come reagiamo, mangiamo, beviamo, dormiamo, ci muoviamo e così via. La lista è infinita, ma non è altro che il nostro modo di vivere. Oltre a ciò, sul nostro cammino affronteremo eventi belli e brutti, che innescheranno nel cervello la risposta automatica appresa in passato, la quale, a sua volta, genererà gli effetti emozionali che proveremo.

La buona notizia è che possiamo scegliere se assecondare o meno le reazioni apprese non proficue. Vi spiegherò come farlo tra poco, a pagina 50. Un'altra considerazione doverosa è che ciascuno schema di risposta mostrerà una serie di peculiarità, e ciò dipende dal fatto che tutti noi abbiamo vissuto esperienze diverse.

LA MENTE IN "MODALITÀ ANTIMINACCIA"

Lo confesso: so cosa significa avere preoccupazioni e non mi interessa nascondermi dietro i miei titoli né atteggiarmi a guru. Come a tutti, anche a me capita di affrontare dei momenti difficili, ma ho deciso di non lasciarmi condizionare dalle avversità e considerarle degli spunti di crescita personale.

Sono cresciuto a Belfast, nell'Irlanda del Nord, a cavallo tra gli anni Settanta e Ottanta, nel pieno della cosiddetta "guerra a bassa intensità", e ho compreso a mie spese cosa sono i traumi, la mente ansiosa e una vita fatta di incertezza. Bombe, armi e scontri a fuoco erano all'ordine del giorno. Certo, un contesto difficile in cui crescere, ma per fortuna c'era spazio anche per moltissime risate e in quel periodo ho incontrato alcune delle persone più affettuose che mi sia mai capitato di conoscere... e non posso che ringraziare Belfast per quello che mi ha offerto.

Sono cresciuto in un ambiente proletario. La mia era una famiglia amorevole, ma abbiamo attraversato momenti piuttosto duri. Ho avuto un'educazione cattolica e, prima di affrontare questo discorso, tengo a precisare che ho un immenso rispetto per l'impegno caritatevole di molte confessioni e Chiese. Tuttavia, per me il rovescio della medaglia non era affatto trascurabile, perché il fatto di essere cattolico andava a braccetto con il senso di colpa e la vergogna. Il mio motto era diventato: «Se ti fa sentir bene, allora è sbagliato». Nella mia camera da letto c'era una statua della Madonna che mi fissava notte e giorno con i suoi occhi fosforescenti... Immagino che abbiate capito l'antifona.
Poi, durante l'adolescenza, ho capito di essere gay. Insomma, la ciliegina sulla torta in una vita fatta d'ansie. A quei tempi, fare coming out in Irlanda non era facile: molti non riuscivano a comprendere questo stile di vita, di cui si parlava troppo poco. Ricordo con affetto le volte in cui in televisione compariva una scena di sesso e mia madre scattava in piedi e si piazzava davanti allo schermo come un vigilante, con grande divertimento mio e dei miei fratelli. Questo accadeva molti anni prima che trovassi il coraggio di spiegare alla mia famiglia che non avrei mai baciato una donna come facevano quegli attori in tv.
Siccome ero considerato "diverso", da ragazzino ero spesso vittima dei bulli e non era una novità per me essere umiliato. Come molti di voi sapranno, la diversità non è vista di buon occhio. Di conseguenza, come meccanismo di difesa il mio cervello si è abituato presto a entrare in "modalità antiminaccia". Le paure che mi affliggevano durante l'adolescenza hanno quindi portato la mia rete neurale a organizzarsi in un modo tutto suo.
È stato allora che ho iniziato a capire cosa significa essere ansiosi. Sono certo che alcuni di voi sanno quello che si prova a convivere costantemente con la preoccupazione e il disagio già da bambini. Queste prime esperienze plasmano le risposte apprese, influenzano il comportamento e le scelte, e si ripercuotono sullo sviluppo

futuro. La buona notizia è che, impegnandovi a seguire il percorso che stiamo per intraprendere, potrete cominciare a riscrivere la vostra storia. Io ci sono riuscito, quindi anche voi avete il potere di farlo.

CHI È IL REGISTA DEL FILM MENTALE?

A volte abbiamo l'impressione che la mente parta per un viaggio tutto suo. Ciò dipende in parte da quanto ho appena scritto in relazione ai percorsi neurali, alla plasticità cerebrale e all'instaurazione di specifici schemi. In certe occasioni, la mente genera preoccupazioni e paure o addirittura fraintende le situazioni senza basarsi su ciò che effettivamente avviene nella realtà, perché segue vecchie abitudini o modelli comportamentali consolidati. Capita che i pensieri che elabora siano del tutto privi di senso.

Spesso paragono il nostro flusso di pensieri a un film che influisce in modo significativo su come ci sentiamo, sebbene in certe circostanze non abbia né regista né produttore. A volte, curiosi di conoscerne il contenuto, possiamo guardare il nostro film mentale senza prenderlo troppo sul serio e senza che il nostro umore ne risenta. Altre volte, però, decidiamo di diventarne i protagonisti. Quando ci capita, ci facciamo coinvolgere dalle nostre fantasie – che hanno spesso un impatto negativo sull'umore e sul livello di preoccupazione – e alcuni di noi entrano così tanto nella parte che meriterebbero l'Oscar come miglior attore.

Il problema è che, alla lunga, lasciarsi coinvolgere dai capricci della mente diventa estenuante e lascia strascichi negativi. Ciò vale in particolar modo quando, come spesso accade, le storie che ci racconta sono dure, critiche o denigratorie, perché col tempo si trasformano in abitudini e cominciano a sembrare reali. Ripeto, la buona notizia è che il più delle volte non hanno nulla di vero.

PRENDETEVI UN MINUTO...

Interrompete per un attimo la lettura e chiudete gli occhi. Scegliete di "osservare" ciò che avviene nella vostra mente in questo preciso istante. Cosa sta facendo? Pianifica, ripensa al passato, giudica, si preoccupa, riflette sui dettagli di un evento specifico?
Adesso prendetene brevemente nota, qui sotto o sul vostro quadernino.

Ripensate a quello che avete appena fatto: è stato facile "osservare" i vostri pensieri? Siete riusciti a lasciarli andare, con la consapevolezza che sarebbero passati velocemente come una nuvola nel cielo sereno, oppure vi siete abbandonati al loro turbinio e avete continuato a elaborare la storia? Fate un breve appunto.

Lo ripeto: non ci sono risposte giuste o sbagliate. L'unica cosa che mi interessa è aiutarvi a sviluppare la consapevolezza del modo in cui vi rapportate a ciò che avviene nella vostra mente.

SCELTA E CONTROLLO

Ciò che moltissimi di noi non riescono a concepire è che siamo in grado di scegliere come gestire la mente: possiamo riportarla sulla retta via quando inizia a divagare. Le tecniche e i principi di questo workout vi insegneranno a farlo e sarà una vera liberazione. Abbiamo la facoltà di decidere se lasciarci trascinare dai capricci della mente o rimetterla in riga, proprio come se fosse un bambino monello.

Negli ultimi dieci anni, la psicologia e le neuroscienze hanno fatto straordinari progressi, aiutandoci a comprendere la mente e i suoi comportamenti. Ho promesso di non dare un taglio troppo accademico a questo libro, ma alcune ricerche sono illuminanti e meritano di essere citate. Ecco per sommi capi ciò che sappiamo:

- la mente è in costante attività;
- talvolta, come per l'analogia cinematografica citata, le sue elaborazioni sono confuse e prive di senso;
- ogni giorno formuliamo circa 60.000 pensieri, di cui l'80 per cento con contenuti negativi o ripetitivi;
- tramite risonanza magnetica è stato dimostrato che quando siamo in "modalità antiminaccia" (e ciò può avvenire senza che ce ne sia effettivo bisogno) nella mente e nel corpo si innesca una serie di reazioni in risposta allo stress;
- grazie alla risonanza magnetica è stato possibile osservare che, quando la mente è allenata a essere consapevole (per esempio grazie alle tecniche del nostro workout), la "modalità antiminaccia" non entra in azione.

PENSIERI CATASTROFICI

Vi capita mai, nei momenti di difficoltà o nelle situazioni complicate, che la vostra mente abbia la tendenza a concentrarsi sullo scenario peggiore?

Accade di frequente e, grazie ai miei corsi, ho avuto modo di individuare alcune reazioni ricorrenti (certe sarebbero perfette come titoli di canzoni, tra l'altro):

- «Che disastro!»;
- «Perché capitano tutte a me?»;
- «Ma che senso ha?»;
- «Dovrei lasciar perdere e basta...»;
- «Non ce la farò mai...».

Queste frasi vi suonano familiari? Se così fosse, state tranquilli: si tratta solo di una risposta automatica della vostra mente. Affrontare questo aspetto è uno dei punti del percorso che abbiamo intrapreso insieme. Modificare il modo di reagire e creare nuovi modelli vi aiuterà a fare vostre delle risposte automatiche più positive. Vi ricordate John, che ho citato all'inizio del capitolo? Pensare che sia accaduto il peggio non significa che sia successo davvero.

PENSIERI CHE FRULLANO

Alla maggior parte di noi sarà capitato di svegliarsi nel cuore della notte con troppe idee che frullano in testa. Il chiasso di quei pensieri ricorrenti a me ricorda il vociare di cinque o sei persone messe assieme: diventa impossibile cogliere e seguire distintamente ciascun pensiero a causa del rumore di tutti gli altri...

PRENDETEVI UN MINUTO...

Fermatevi un attimo. Questa volta, però, con l'intenzione di rimanere buoni senza fare niente. Limitatevi a prendere atto, con curiosità, della velocità della vostra attività mentale. Non dovete fare nient'altro. Come la classifichereste in una scala da uno a dieci, dove uno è un ritmo di calma, silenzio e lentezza assoluti, mentre dieci il caos totale di una gara di Formula 1?

Soffermatevi anche sulle sensazioni del vostro corpo in relazione al livello di attività mentale. Ricordate che, in questa fase, non state facendo altro che scrutarvi con genuina curiosità. Per il momento, non è importante quale grado avete attribuito al ritmo della vostra attività; ciò che conta è che ne abbiate preso atto. È questa capacità di osservazione che comincerà a fare la differenza nella vostra vita e vi aiuterà a riguadagnare il controllo.

Annotate il valore della vostra velocità mentale, con un numero compreso tra uno e dieci:

....

Annotate le reazioni fisiche:

....

....

....

....

....

....

....

....

....

....

....

PENSIERI INOPPORTUNI

Oltre al volume dei pensieri e alla velocità con cui vi frullano in testa, vi è mai capitato di elaborarne alcuni privi di senso o addirittura strani? Lo ripeto ancora una volta: state tranquilli, è normale. Un'altra cosa che tendiamo a fare è ripeterci che tutto questo divagare è "reale" e che dobbiamo prestarvi attenzione. Non è utile, specialmente se nel bel mezzo di un incontro di lavoro vi trovate a pensare alla lista della spesa. Il risultato? Il capo vi chiede il resoconto del mese e voi gli rispondete: «Petto di pollo!». La vostra mente sta facendo ciò che ci si aspetta, ossia divagare, ma in quell'istante potrebbe non essere troppo vantaggioso. Sono convinto che ci siamo passati tutti...

Dunque, adesso che comprendete un po' meglio il modo in cui i pensieri possono ingannarci e tenerci in loro balia, iniziamo ad analizzare come correggerli.

RITROVARE IL CONTROLLO

Ora vorrei condividere con voi ciò che è scattato nella mente di una mia assistita in occasione di una mattinata particolarmente stressante.

Susan si è svegliata alle 8.00, un'ora più tardi del previsto, perché non le è suonata la sveglia. Dev'essere a Londra alle 9.00 per tenere un seminario e, già per questo, il suo livello di stress è più alto del solito. Mentre si fa la doccia, iniziano a scorrere le prime immagini del suo film: arriverà in ritardo, il corso sarà un disastro e la sua presenza non sarà più richiesta.

Qualche istante più tardi, un giocattolino del cane sul pavimento le rammenta l'appuntamento dal veterinario, e inizia a chiedersi come farà a tornare in tempo. E poi, siccome accanto all'ambulatorio c'è un supermercato, si ricorda della torta da ordinare per il compleanno del marito.

Come se non bastasse, fa capolino tra i suoi pensieri anche l'addetto alla sicurezza del supermercato: l'ultima volta che gli ha parlato, le ha raccontato che sarebbe tornato a Lagos per far visita alla sua famiglia. Questo, a sua volta, le fa tornare in mente di dover prenotare un volo per la Scozia, per andare a trovare i suoi, e così comincia a riflettere sulle possibili date del viaggio.

Poi un *toc toc* sulla porta del bagno le ricorda che deve darsi una mossa e i suoi pensieri si concentrano di nuovo sul ritardo e sul fatto che l'intero corso sarà un disastro.

Un bel trambusto condensato in pochi minuti, vero? Sono certo che sarete d'accordo con me.

Susan ha notato che ad accompagnare quel turbinio di pensieri c'era anche tutta una serie di reazioni fisiche. Non vi sorprende, vero? Cito testualmente: «Mi sentivo stringere il petto, avevo il respiro affannato, i battiti a mille, la bocca secca e mi pulsava la testa. Più ne prendevo coscienza, più questi sintomi si acuivano e, di rimando, i miei pensieri si facevano sempre più frenetici... un cane che si morde la coda! In parole povere, mi sentivo in trappola».

Il punto è che, con l'evoluzione, il nostro cervello è diventato più sofisticato e... affollato. I nostri meccanismi di difesa (nello specifico la reazione da stress nota come "combatti o fuggi") sembrano non volersi disattivare e, quindi, innescano una serie di reazioni nella mente e nel corpo.

COMPRENDERE LA CONFUSIONE MENTALE

Vediamo di riassumere cosa è successo a Susan.

- Susan si è svegliata e il suo livello di stress si è alzato bruscamente nell'istante in cui ha capito di essere in ritardo. Si è attivato il centro preposto alla reazione acuta da stress (ovvero l'amigdala), che l'ha avvertita di "prepararsi a una minaccia o a un pericolo". Immaginatevi l'amigdala come un allarme che, quando attivato, innesca una catena di reazioni fisiche e psicologiche. In caso di reale emergenza, è un sistema straordinario ed estremamente utile, perché ci fornisce l'energia e l'adrenalina necessarie per difenderci da eventuali pericoli. Però diventa un problema se si attiva senza che ce ne sia reale bisogno, se reagisce con livelli di allerta esagerati o anche se opera in automatico.

- Nel caso di Susan, lo stato di allerta ha innescato una catena di reazioni fisiche e psicologiche che ha dato origine al turbine di attività mentali e fisiche. E, dato lo stato di allerta, il cervello ha cominciato a lavorare a tutta velocità.
- Il cervello di Susan ha reagito come credeva di dover fare (ovvero ha fatto fronte a un pericolo), ma, avendo sovrastimato la minaccia, non è stato di alcun aiuto. In casi come questo, si registra un aumento nella produzione di ormoni, tra cui cortisolo e adrenalina, che non fa che accrescere la sensazione di minaccia imminente. In sostanza, il corpo di Susan si stava preparando a combattere quando il problema era un semplice ritardo! Ciò dipende dal fatto che il cortisolo e l'adrenalina rilasciati dall'amigdala potenziano e accelerano determinati processi fisiologici. Se vi è mai capitato di avere un po' di tachicardia, fiato corto o brontolii di pancia in una situazione di stress, adesso sapete a cosa erano dovuti. Si tratta di una reazione programmata, nota come "attivazione del sistema nervoso simpatico". In parole povere, non è altro che un allarme che vi avvisa di un potenziale pericolo in agguato. Il cervello pensa di farvi un favore, ma spesso non è così.
- Quando si genera una sensazione di emergenza, cervello e corpo sono chiamati a difendersi o fuggire e ciò coincide con il momento in cui la mente parte in quarta con pensieri, ansie e dubbi. È un processo estenuante, su cui la maggior parte delle persone crede di non avere alcun controllo.

Non vi dice qualcosa?

SPEZZARE IL CIRCOLO VIZIOSO DELL'ANSIA

Il problema sta nel fatto che, se questa iperattività mentale viene trascurata, il cervello tende a non dominare né filtrare alcun pensiero. Susan rimane vittima dell'ansia: è come se continuasse a girare in tondo e la sua confusione è aggravata dall'errore di voler affrontare ciascuna preoccupazione nell'istante stesso in cui si manifesta.

Per fortuna, esiste una soluzione – la stessa che ha aiutato Susan a gestire situazioni analoghe –, che consiste semplicemente nel riconoscere cosa sta accadendo, fermarsi, seguire le tecniche della *Cura dei 10 minuti* e rallentare mente e corpo, riconquistando così l'equilibrio interiore e l'obiettività. Susan è riuscita a spezzare questo circolo vizioso.

DISINNESCARE LA "MODALITÀ ANTIMINACCIA"

Le tecniche e i principi che imparerete vi aiuteranno a disinnescare in fretta e con efficacia la "modalità antiminaccia". Ricordate che, se un processo viene attivato, lo si può anche interrompere! Nel caso di Susan, il mio workout le ha permesso di riprendere il controllo della propria mente.

Nella vita, è un vero vantaggio sapere di poter ricorrere a queste tecniche per "staccare il cervello", interrompere il flusso dei pensieri e riprendere il controllo. In tal modo disattivate anche la risposta del sistema nervoso simpatico (si veda pagina 49) per far entrare in gioco il sistema nervoso parasimpatico, che vi fa affrontare i problemi con più calma. Per capire meglio di cosa stiamo parlando, immaginate questi due sistemi come il pedale dell'acceleratore e quello del freno. Disinnescando il "meccanismo antiminaccia", sarete in grado di attivare altre aree del cervello, che possono risultare più utili per regolare la concentrazione, le emozioni e la consapevolezza. Alcuni studi dimostrano che, praticando quotidianamente la mindfulness, si rafforza il sistema nervoso parasimpatico, che riequilibra e stabilizza ogni processo, rilasciando sostanze calmanti che favoriscono il buonumore, come la dopamina e la serotonina, generando tranquillità e una sensazione di controllo.

COSA ASPETTATE A PROVARCI?

A prescindere dalle circostanze, in questo momento tutti abbiamo qualche preoccupazione. È nella natura dell'uomo. Il modo in cui il nostro cervello affronta gli ostacoli è spesso problematico, perché si basa su schemi mentali rigidi, cavillosi e ipercritici. Avviciniamoci a un nuovo stile di vita provando a mettere in pratica il seguente esercizio.

PRENDETEVI UN MINUTO...

Ritagliatevi un momento di calma per concentrarvi su un aspetto della vita che trovate stressante o angosciante. Siamo ancora all'inizio del nostro percorso, quindi non prendete in considerazione una questione cruciale, ma soltanto qualcosa che vi provoca un certo fastidio.

Prima di concentrarvi sulla situazione che volete affrontare, vi chiedo di prendere un impegno con voi stessi: non cercate di controllarla.

Chiudete gli occhi, mettetevi seduti in una posizione comoda e lasciate semplicemente esistere nella vostra mente il pensiero della situazione che avete scelto; lasciate che sia lì. Limitatevi a respirare normalmente.

In pratica, vi state *predisponendo* al vostro cruccio. Non state cercando di bloccarlo, frenarlo o allontanarlo, ma lo state introducendo nella vostra consapevolezza del momento presente. Entrare in questa condizione è un po' come far scendere un raggio di sole su ciò che vi accade. È una luce mite e rassicurante, capace di generare all'istante un senso di tranquillità e lucidità. La capacità di restare ancorati al momento presente è un argomento su cui torneremo più avanti e che vi sarà utile per placare i capricci della vostra mente.

Annotate brevemente, qui sotto o sul vostro quadernino, ciò che provate in relazione alla vostra preoccupazione dopo esservi presi un attimo di pausa.

....

....

....

....

....

....

Cosa avete provato a livello mentale?

....

....

....

....

....

....

Come ha reagito il vostro corpo?

....

....

....

....

....

....

Ricordate sempre che non esistono risposte giuste o sbagliate. Siate curiosi di scoprire la vostra realtà interiore e affrontare ciò che vi turba, anziché fuggire a gambe levate.

NON È COLPA VOSTRA

È importante capire che non siamo responsabili delle informazioni che il nostro cervello ha assimilato durante gli anni dello sviluppo. Proprio com'è noto che alcune persone sono più inclini all'ansia, sappiamo anche che ciò che recepiamo nel corso della crescita condiziona il nostro modo di reagire a determinate situazioni.

Il nostro cervello è il frutto del patrimonio genetico e delle informazioni acquisite durante l'infanzia. Se talvolta, adesso che siete adulti, la vita è una vera battaglia, non è colpa vostra.

Vi ricordate la metafora cinematografica che ho utilizzato prima? Ecco, la verità è che molti di noi, a forza di sentire i soliti copioni pieni di critiche durissime, iniziano a dubitare del proprio valore.

Ora per favore fermatevi un attimo, sedetevi e ripetete nella mente questa frase: «Non è colpa mia». Spesso ci rimproveriamo attribuendoci la responsabilità di tutto, ma credo che questa sia la bugia più dolorosa che possiamo raccontarci, la bugia che sta alla base del disagio che proviamo.

PRENDETEVI UN MINUTO...

Ora fermatevi a riflettere su questo: a prescindere da cosa la vostra mente vi stia rinfacciando o da qualsiasi farsa stia imbastendo, non è colpa vostra. Non siete stati voi a programmare il cervello.

Ripeto, limitatevi a osservare quali pensieri e sensazioni emergono e prendetene coscienza.
Non ci sono reazioni giuste o sbagliate. (Ma non stupitevi se, cominciando a riconoscere che non è colpa vostra, vi sentite un po' emotivi.)

Ammettere che non avete alcuna responsabilità sulle informazioni che avete appreso durante l'infanzia è una vera e propria liberazione, perché è un passo in avanti per smettere di sentirvi inermi e impotenti. Aver scelto di iniziare questo workout è un segnale incoraggiante: dimostra che vi rifiutate di sentirvi con le spalle al muro.
Se avete avuto la fortuna di crescere in una comunità o in una famiglia affettuosa, sicura e funzionale, senza aver subito l'effetto di alcun evento traumatico, allora è probabile che si realizzi una di queste due possibilità:

- voi "funzionate" bene;
- il vostro cervello funziona per lo più in modo proficuo.

Fondamentalmente il vostro cervello è stato programmato per operare a vostro vantaggio. Con questo non sto dicendo che la vita per voi sarà perfetta e che non vi capiterà di incontrare degli ostacoli, ma che forse avrete più probabilità di reagire alle difficoltà con un approccio elastico.
Se invece, come nella stragrande maggioranza dei casi, avete ricevuto messaggi negativi, subito eventi avversi e vissuto in famiglie o in contesti sociali non proprio perfetti, allora è probabile che il vostro cervello non sempre funzioni nel modo migliore per voi, perché si è abituato a difendersi e a reagire in automatico oppure ad assumere una visione pessimistica. Ma questo comunque non identifica ciò che siete come persone.

NON SOLO IL CORPO DEVE ESSERE ELASTICO...

È probabile che la vostra plasticità cerebrale, ovvero la flessibilità e adattabilità di cui ho parlato prima, non sia abbastanza sviluppata. Allo stesso modo, è anche possibile che alcuni vostri schemi neurali (il vostro circuito cerebrale) interferiscano con l'elaborazione delle informazioni.

Se in determinate circostanze avete la tendenza ad andare in escandescenze, ciò accade perché la vostra mente ha imparato a reagire in quel modo. Detto questo, non disperate: il cervello può essere rieducato al fine di operare in modo più efficiente e proficuo. Insomma: ciò che è stato imparato può essere disimparato.

Un ragazzino criticato in continuazione, svilito e denigrato per la sua corporatura, che ha visto il padre picchiare la madre e che veniva bullizzato a scuola, con ogni probabilità sarà fortemente autocritico e avrà un cervello incline a innescare la "modalità antiminaccia".

È come se la sua mente fosse stata settata sulla paura e sulla sfiducia: ha avuto in sorte eventi tristi e spiacevoli, che il cervello ha recepito e memorizzato. Ha conosciuto il lato più duro della vita e avrà un'opinione molto negativa di sé, degli altri e del mondo che lo circonda fino a quando non si rimboccherà le maniche per cambiare (con questo workout o altri metodi) e rieducare il suo cervello.

Allo stesso modo, anche una bimba che è stata spesso lasciata da sola, che ha subito abusi ed è cresciuta nella convinzione di essere brutta e stupida, avrà la tendenza a innescare la "modalità antiminaccia" in età adulta, finché non sceglierà di correre ai ripari. Anche in questo caso, il suo cervello è stato programmato per difendersi, salvaguardarsi, reagire e fuggire. Non è colpa sua: ha solo vissuto esperienze sgradevoli e infelici e le ha assimilate. Anche la sua esistenza è intrisa di un senso di disagio ed è destinata a provare sfiducia in se stessa, negli altri e nel mondo esterno, fino a quando non deciderà di intraprendere la strada del cambiamento.

CARA, VECCHIA NEMICA VERGOGNA

Nel mio lavoro a contatto con i malati terminali, ho sentito spesso parlare di vergogna. Molte persone nelle ultime fasi della loro vita esternano questo sentimento in relazione a segreti, rimorsi e desideri, rimpiangendo il fatto che le cose non siano andate diversamente. Mi è anche capitato di vederne qualcuna liberarsi di quel fardello nel momento in cui le veniva offerta la possibilità di parlare del motivo per il quale provava vergogna: tutto stava nel lasciarla andare.
La nostra cara, vecchia amica vergogna è spesso tagliata fuori dai libri di self-help, benché possa spingervi a credere alle parole della vocina interiore che vi accusa di:

- essere dei buoni a nulla;
- non essere all'altezza;
- non valere niente;
- essere antipatici;
- essere incapaci.

E la lista non si ferma qui... La vergogna può avere molte accezioni diverse, ma la mia esperienza mi ha insegnato che fondamentalmente questo sentimento nasce quando si inizia a dar credito alle proprie sensazioni negative o a ciò che ci viene detto. È così che in un cervello ipercritico sorge un pensiero del tipo «ecco, un altro fiasco», che inizia a tradursi in vergogna e nella convinzione di essere dei falliti.
Abbiamo già visto come un contesto di crescita difficile e delle

esperienze negative durante l'infanzia possano ripercuotersi sul nostro cervello, che a sua volta influisce su schemi mentali, reazioni, pensieri ed emozioni. Inoltre, le esperienze pregresse spesso lasciano un segno, qualche traccia residua di vergogna che carbura e continua ad alimentare questi modelli comportamentali.

La vergogna si attacca come fango agli stivali e non ne vuole sapere di andarsene. In base alla mia esperienza, fomenta gran parte della nostra sofferenza. Talvolta non viene gestita in modo adeguato, e ciò significa che continuerà a ripresentarsi fino a quando non si sceglierà di ascoltare le sue ragioni.

La vergogna occuperà un posto nel vostro allenamento, ma sarà un ospite graditissimo, da trattare con compassione, accoglienza e apertura.

PRENDETEVI UN MINUTO...

Ora ritagliatevi qualche istante per riflettere. C'è qualcosa per cui provate vergogna?

Identificate l'aspetto di voi di cui vi vergognate. Vi suggerisco di compiere una semplice azione: soffermatevi un attimo su questo senso di vergogna e limitatevi ad accoglierlo. Dovete fare soltanto una cosa: essere gentili con voi stessi. Adesso descrivete quel che è successo nel vostro intimo.

....

....

....

....

....

....

....

....

....

....

Se a volte vi capita di mettere in discussione le vostre capacità, pensando di non essere abbastanza bravi, cortesi, meritevoli o importanti, allora è probabile che anche in voi regni una certa vergogna, che può assumere forme e sembianze diverse, ma, come gran parte delle cose, è una risposta appresa e per fortuna il processo è reversibile.

LA DIFFERENZA TRA VERGOGNA E SENSO DI COLPA

Posso affermare con certezza che la vergogna occupava un posto di rilievo nelle battaglie di quasi tutte le persone che ho avuto in terapia. È importante specificare che c'è una differenza sostanziale tra vergogna e senso di colpa. Se si manca di rispetto a qualcuno o si commette un errore e si è tristi per il danno arrecato, allora si prova senso di colpa. Può anche essere un sentimento utile. Ma se invece si manca di rispetto a qualcuno o si commette un errore e si giunge alla conclusione di essere una cattiva persona, allora questa è vergogna. La vergogna è tossica e deve essere affrontata con coraggio. Spesso strilla per attirare l'attenzione o essere presa in considerazione, e noi a volte la affrontiamo in modo poco costruttivo:

- facendola tacere;
- nascondendola;
- ignorandola.

Come funziona nella vita vera? Be', un giorno ci diciamo di non essere buoni, fuggiamo e proviamo a distrarci o isolarci. Ci critichiamo o autoflagelliamo in modo dannoso. Magari ci nascondiamo in qualche social network o forum, in cui gli altri non fanno che sbandierare le loro splendide vite. Ma, paradossalmente, i sondaggi ci dicono che le persone non hanno mai provato tanta solitudine. Con *La cura dei 10 minuti* offro un approccio alternativo per rapportarci alla nostra vergogna:

- ascoltarla;
- affrontarla;
- accoglierla.

Anziché mettere a tacere il pensiero scomodo, ascoltiamolo. Anziché tenerlo segreto, affrontiamolo (anche se solamente con noi stessi). Anziché ignorarlo, accogliamolo. Io credo fermamente che questo approccio faccia una differenza sostanziale nella nostra vita. Quando iniziamo a liberarci dei comportamenti che sottendono la vergogna, iniziamo ad accettarci con più gentilezza, compassione e comprensione. Ricordate che ciascuno di noi, in un modo o nell'altro, fa fatica, ed è questa imperfezione che ci rende umani.

Dà un grande senso di libertà accorgersi che la vergogna, che credevamo innata, non deve necessariamente perdurare in eterno. *La cura dei 10 minuti* insegna a placare la mente per accogliere nuove informazioni ed esperienze che andranno a sostituire i vecchi schemi e l'antica vergogna con un approccio più solido e flessibile.

Vi aspetta un nuovo stile di vita, ora che cominciate a comprendere come funziona la mente. Prepariamoci dunque a imparare le tecniche e i principi che entreranno a far parte della vostra quotidianità. Nel prossimo capitolo approfondiremo i primi due passi del workout mentale: fermarsi e analizzare.

SECONDA PARTE

LA CURA DEI 10 MINUTI

MINUTO 1 – FERMARSI

L'anno scorso ho passato il Natale a New York con il mio compagno e alcuni amici. Un giorno, verso l'ora del tramonto, ha cominciato a nevicare proprio mentre percorrevamo il ponte di Brooklyn. Mi sono trovato davanti agli occhi lo spettacolo più incantevole della mia vita e sono stato colto da una certa tristezza nel notare che quasi tutti i passanti, incuranti di tanta bellezza, proseguivano per la loro strada. L'idea di fermarsi non li sfiorava, eppure, se l'avessero fatto, avrebbero vissuto un momento davvero magico.

Non è necessario trovarsi sul ponte di Brooklyn: praticare questo workout ogni giorno vi regalerà attimi di infinita gioia, consapevolezza e introspezione.

PRECISAZIONI PRELIMINARI

In questa fase cominceremo a comprendere la logica sottesa a questo volume. Finora abbiamo analizzato:

- i motivi per cui serve *La cura dei 10 minuti*;
- com'è strutturato il workout;
- cosa vi viene chiesto di fare;

- i potenziali benefici;
- i meccanismi mentali;
- i motivi per cui il cervello non sempre funziona nel migliore dei modi;
- l'impatto della vergogna.

A questo punto possiamo passare alle abilità pratiche. Prima di entrare nel vivo del discorso, vi ripeto che, anche se ci vorrà un po' per imparare le tecniche, metterle in atto richiederà appena dieci minuti al giorno.

Sono certo che ormai abbiate recepito il messaggio: non saranno dieci minuti in cui vi fermerete senza far nulla, durante i quali vi limiterete a tirare il fiato o schiacciare un pisolino, ma un intervallo di tempo in cui metterete in atto tecniche efficaci e testate scientificamente per rallentare i processi mentali e fare ordine tra i pensieri nocivi.

Tengo a ribadire che queste strategie rappresentano solo un aspetto dell'allenamento: sono un mezzo per riuscire a schiarirsi le idee e dissipare la confusione mentale, perché farete vostro un nuovo approccio per relazionarvi a voi stessi, che vi farà sentire più calmi ed equilibrati.

Una volta apprese le tecniche, l'allenamento è facilissimo da seguire, ma all'inizio richiederà tempo, sforzi e un serio impegno da parte vostra.

Ho programmato i dieci minuti in modo molto preciso, perché, da quanto ho potuto notare, è questo l'approccio più efficace. Le tecniche vi sapranno trasportare in un batter d'occhio in un'oasi di quiete e lucidità.

Ad alcuni miei assistiti piace pensare a questo lasso di tempo come a una brevissima pausa, un momento di riposo e di relax quotidiano con una struttura chiara e un obiettivo ben definito per ciascun minuto.

Riassumendo, ecco come sono strutturati:

Minuto 1	Passo 1	Fermarsi
Minuto 1	Passo 2	Analizzare
Minuti 2 e 3	Passo 3	Raggiungere l'oasi di pace
Minuti 4 e 5	Passo 4	Respirare consapevolmente
Minuti 6 e 7	Passo 5	Tenere a bada i pensieri
Minuti 8 e 9	Passo 6	Vivere nel momento presente
Minuto 10	Passo 7	Vivere con accettazione, compassione e autenticità

QUAL È IL MOMENTO MIGLIORE DELLA GIORNATA PER PRATICARLO?

Il mio consiglio è di praticarlo, se possibile, alla mattina, perché vi sarà d'aiuto per predisporre il vostro cervello a un funzionamento più efficiente.

Dare ordine ai pensieri fin dall'inizio della giornata vi consentirà di sfruttarne i benefici per le ore a venire. Inoltre, questo esercizio mattutino può diventare un piacevole promemoria del fatto che, giorno per giorno, state influenzando positivamente le vostre funzioni cerebrali.

Se però in questa fascia oraria non riuscite a ritagliarvi del tempo, sentitevi liberi di trovare il momento più opportuno in base alle vostre esigenze. Nella vostra routine ci saranno sempre situazioni più difficili di altre, che potrebbero rappresentare l'occasione giusta per mettere in pratica *La cura dei 10 minuti*.

Se il vostro momento peggiore è la notte, potrete decidere di eseguire l'allenamento prima di andare a letto.

Un'altra cosa: ricordate sempre che dieci minuti al giorno non sono il tetto massimo. Se ne sentite l'esigenza, potete praticare il workout anche più volte nel corso della giornata.

Per questo, non voglio fissare regole troppo rigide, poiché confido nel fatto che ciascuno di voi troverà la propria strada. Mi preme

farvi capire che la parte più importante del workout è la capacità di fermarsi: se non si completa il passo 1, non si può procedere con gli altri.
Vorrei comunque spendere due parole per mettervi in guardia sulla stanchezza. Uno degli errori più comuni quando si mette in atto una qualsiasi tecnica di meditazione è considerarla un momento per riposare o sonnecchiare. In realtà, dovrebbe essere l'esatto contrario: un'opportunità per essere pienamente coscienti e consapevoli. Se vi si stanno chiudendo gli occhi, modificate la postura: mettetevi dritti e siate pronti ad accogliere nuove possibilità. Un po' come quando raddrizzate la schiena perché nella vostra stanza è entrata una persona di rilievo: è importante la massima serietà quando vi apprestate a seguire questo metodo.

PASSO 1 – FERMARSI

Questo capitolo vi illustra ciò che dovrete fare nel primo minuto. Vi consiglio di affrontare ciascuna parte con la dovuta calma, di fermarvi e concludere gli esercizi. Per queste tecniche servirà forse un po' di pratica. Durante i miei corsi, abbiamo a disposizione un'intera giornata per delineare insieme il quadro generale e soffermarci su ciascuna tecnica e principio. Con questo libro, invece, basterà affrontare un passo per volta e passare a quello successivo soltanto quando vi sentirete pronti.

DEFINIRE IL MOMENTO PER FERMARSI

Ecco alcune domande che dovete porvi prima di decidere quando fermarvi:

- «Posso disporre di questo tempo senza essere interrotto?»
- «Ci sarà abbastanza silenzio o potrò rendere questo luogo sufficientemente tranquillo per dieci minuti?».

Ricordatevi che vi state fermando per far raffreddare il "motore" della vostra mente: un'azione indispensabile per evitare che si surriscaldi e sovraccarichi. Ritagliarsi questo tempo significa decidere di valorizzarsi e dedicare la dovuta attenzione al proprio benessere mentale. A questo punto del libro, potrebbe sembrare superfluo approfondire l'analisi del concetto di "fermarsi", ma non farlo sarebbe come consigliare di presentarsi in palestra senza scarpe da ginnastica. Fermarsi, unito alla scelta di *quando* e *come* farlo, è una priorità assoluta e non è un'abilità in cui il mondo occidentale eccelle.

La buona notizia è che, scegliendo di fermarvi, siete già a metà strada: il resto verrà con la pratica. Dunque, ogni volta e ovunque vi fermiate:

- impegnatevi a ritagliarvi del tempo;
- assicuratevi di essere in un posto comodo (altrimenti, rendetelo comodo);
- trovate un momento in cui non rischiate di essere distratti o interrotti;
- tenete la mente aperta;
- ricordate che questi dieci minuti saranno preziosissimi per la vostra vita.

PERCHÉ DOVRESTE FERMARVI SENZA ACCAMPARE SCUSE

La chiave di tutto è fermarsi, staccare e interrompere qualsiasi altra cosa stiate facendo. Quando la "modalità antiminaccia" è attivata, il cervello non riesce ad assimilare le informazioni positive di cui ha bisogno. Purtroppo in casi come questo non basta dirsi di rilassarsi per innescare il meccanismo che sgombra la mente: ecco perché ricorro alle tecniche scientificamente testate che ho già avuto modo di illustrare.

Non ho intenzione di girarci attorno: per la maggior parte di voi questo primo step sarà la sfida più difficile e per i motivi più disparati. A ogni modo, riporto di seguito le cinque principali ragioni per cui immagino farete fatica a fermarvi:

1. «Ho troppe cose da fare»;
2. «Non trovo un posto abbastanza tranquillo»;
3. «La meditazione o il silenzio con me non funzionano»;
4. «Non sono sicuro che questa soluzione faccia al caso mio»;
5. «Ho altre priorità».

Le ho già sentite tutte, e infinite volte. Consentitemi di analizzarle una per una:

1. dieci minuti al giorno sono una quantità di tempo che tutti si possono permettere. Le «troppe cose da fare» sono una scusa per non cambiare. *Ahia!* So che è dura sentirselo dire, ma le parole vuote non sempre spronano al cambiamento;
2. si riesce sempre a trovare un posto tranquillo: nella peggiore delle ipotesi si può andare in bagno ed esistono i tappi per le orecchie;
3. qui non si tratta solo di meditazione e silenzio. Questo è un allenamento mentale che calmerà il cervello per farvi avvicinare a un nuovo modo di vivere;
4. questo metodo funziona quasi per tutti. In base a quanto è stato dimostrato, il cervello reagisce positivamente a simili tecniche;
5. non può esistere priorità più urgente del prendersi cura della propria mente.

Mi auguro che le mie risposte vi siano sembrate ragionevoli. Se non affronto questi punti fin dal principio, potreste trovare in seguito delle giustificazioni per non esercitarvi o rimandare l'allenamento, il che non vi sarà di alcun aiuto. In tutta onestà sono

pronto a riconoscere che fermarsi, oltre a essere una sfida da un punto di vista pratico, può anche fare un po' paura, perché ci preoccupiamo di cosa potrebbe far "saltare fuori".
Tranquillizzatevi pensando che, qualsiasi cosa dovesse emergere – che sia un pensiero, un'emozione o una sensazione fisica –, sarete quasi sicuramente in grado di gestirla. Inoltre, ciò che emerge lo fa per una ragione e quindi bisogna prenderne atto. *(Nel caso in cui doveste sentirvi oppressi o dovesse presentarsi qualcosa per cui credete di aver bisogno dell'aiuto di un esperto, rivolgetevi a un professionista.)*
Come ho già evidenziato, quando, dove e come decidete di fermarvi è una vostra scelta. La cosa più importante è impegnarsi a seguire l'allenamento ogni giorno: come lavarsi i denti o andare a fare una passeggiata, il segreto è farlo diventare una pratica quotidiana.

PASSO 2 – ANALIZZARE

Quando rivediamo un vecchio conoscente o una persona che ci sta a cuore, spesso come prima cosa chiediamo come sta. A volte è soltanto un modo cortese per avviare la conversazione, ma quando lo facciamo con un amico il nostro interesse è sincero: se è felice condividiamo la sua gioia, se è triste o turbato cercheremo di dargli una mano. L'altro si sentirà indubbiamente meglio, almeno per il fatto che ci siamo interessati a lui e, soprattutto, perché siamo stati in grado di accettarlo per ciò che era in quel preciso istante.
Quando siamo noi le persone in gioco le cose sono più complicate, specie se ci troviamo alle prese con qualche "sentimento negativo".
Per questo ho una domanda da farvi: quando è stata l'ultima volta che vi siete fermati a riconoscere il vostro stato d'animo?
Immagino che non lo facciate con la stessa frequenza con cui vi

lavate i denti. Non è curioso pensare che attribuiamo più valore all'igiene orale che alla mente? I nostri epitaffi potrebbero tutti sfoggiare una frase del genere: «Completamente esaurito, ma con denti perfetti». Un'ottima notizia per i dentisti e, sia chiaro, anch'io appoggio pienamente la scelta di prendersi cura della propria igiene dentale. D'altro canto, però, non è sconvolgente quanto poco tempo e attenzione dedichiamo al nostro benessere mentale?

La poca cura per se stessi è, tra le altre cose, un sintomo della depressione, argomento su cui vorrei spendere due parole. Come avete già avuto modo di capire, mi sta molto a cuore il benessere mentale e sono convinto che una mente sana equivalga a una vita più felice. Credo inoltre che non sempre sia utile etichettare le persone con diagnosi vaghe, come la depressione o l'ansia.

Il punto è che tutti noi risentiamo, in diverse fasi della nostra esistenza, di cambiamenti di umore e di una certa dose di ansia. La depressione non è mai solo depressione, ma è spesso un sentimento misto di angoscia, panico e tendenze ossessive. Credo che riconoscere che siamo tutti esseri umani sia un approccio più sano. A volte incontriamo delle difficoltà, a volte crolliamo, a volte ci sentiamo persi o demoralizzati e a volte ci preoccupiamo. Ma la vita può anche essere meravigliosa, piena di avventure e ricca di gioia. È necessario prendersi il tempo per fermarsi ad apprezzare un po' di più i momenti belli.

Nel Regno Unito veniamo educati a restare impassibili e andare avanti, ma è lecito chiedersi quanto sia utile. Posso citare una lista di cliché che vengono propinati nei momenti di difficoltà:

- «Stringi i denti e va' avanti»;
- «Lamentarsi non serve a nulla»;
- «Fatti forza»;
- «Potrebbe andare peggio»;
- «C'è gente che sta molto peggio di te».

È come se esistesse un codice di condotta che non ci autorizza a fermarci per considerare il nostro stato d'animo o esternare le difficoltà che stiamo vivendo. Credo che il discorso valga ancor di più per gli uomini, perché la nostra cultura prevede che "i maschi non piangano mai".

Quando vi incoraggio ad analizzare come vi sentite, non vi sto chiedendo di mettervi davanti allo specchio a parlare da soli né di farlo in pubblico. Siamo onesti: sarebbe un po' strano e non voglio essere ritenuto responsabile se qualcuno dovesse essere arrestato. In ogni caso, il primo minuto di questo workout è dedicato al riconoscimento del proprio stato d'animo.

PRENDETEVI UN MINUTO...

Immagino che ora abbiate trovato un posto tranquillo per non rischiare di essere interrotti. Il primo passo del vostro allenamento prevede che vi mettiate seduti comodi e con gli occhi chiusi.

- Chiedetevi come vi sentite. Quali sentimenti/emozioni provate?
- Qualunque siano le vostre sensazioni, accettatele e accoglietele a braccia aperte.

Talvolta può essere complicato definire ciò che proviamo, dato che molti di noi si trovano a fronteggiare emozioni "scomode", tra cui:

- tristezza;
- rabbia;
- invidia;
- ansia;
- frustrazione, eccetera.

Di solito siamo più a nostro agio con quelle positive:

- felicità;
- appagamento;
- serenità;
- calma;
- esaltazione;
- amore o affetto.

La lista potrebbe andare avanti all'infinito... Per adesso, però, concentratevi su questo: come vi fa sentire prendere coscienza del vostro stato interiore? Siete consapevoli di cosa provate in questo istante? Forse è il momento opportuno per fermarsi e analizzare le proprie emozioni. Cosa sentite veramente?

E SE NON VI FA SENTIRE MEGLIO?

Quelli che definiamo "sentimenti negativi" possono essere accompagnati da una vocina che ripete che queste emozioni ce le siamo meritate, o forse che sono sbagliate e quindi dovrebbero essere represse a ogni costo. La vocina potrebbe persino cercare altre prove a sostegno di tali sensazioni, generando un ulteriore disagio. Così facendo, però, alimenta i "sentimenti negativi" che, se vengono trascurati, continuano a ripresentarsi. Assomigliano a quegli amici che, durante una festa in cui hanno alzato un po' il gomito, non vi lasciano in pace finché non cominciate a considerarli.

Imparate a conoscere le vostre vocine interiori e ricordate che non sono loro a comandare. Non è necessario ascoltarle e non devono essere prese sul serio: non sono altro che schemi mentali o risposte programmate del cervello. Avendo affrontato il capi-

tolo sui capricci della mente, adesso capite un po' meglio come funziona e sapete che non c'è bisogno di assecondarla.
Anziché definirli "sentimenti negativi", preferisco chiamarli semplicemente "sentimenti umani", proprio come la felicità e la gioia. Ci danno solo lezioni diverse: ognuno di essi identifica un'esigenza interiore in un determinato momento e possiamo quindi accoglierli come un'opportunità di crescita. Dobbiamo soltanto attuare i seguenti accorgimenti:

- riconoscere l'emozione;
- accettare l'emozione.

NON C'È NIENTE DA PERDERE, MA TUTTO DA GUADAGNARE

Forse vi state chiedendo quale sia il beneficio di questo primo minuto di analisi. A parer mio, è fondamentale per iniziare a predisporre nel modo migliore la mente, calmarla e contribuire a ridurre il nostro disagio interiore.
Vi è mai capitato di arrabbiarvi con qualcuno o di chiedervi se una certa persona ce l'abbia con voi? Cosa succede quando non prendete di petto il problema? Il più delle volte, la situazione non fa altro che peggiorare e migliora solo quando scegliamo di affrontarla. Lo stesso discorso vale per i sentimenti "scomodi": più li ignoriamo, più si aggravano.
Riflettete un attimo su quante energie impiegate per combattere i "sentimenti negativi" o per restare aggrappati a quelli "positivi". Eppure, se li accettiamo per quello che sono, a prescindere da quali siano, proviamo all'istante un senso di serenità. Non c'è niente da contrastare. Queste emozioni non vi fanno male e sicuramente non identificano ciò che siete. Accoglierle e accettarle vi aiuterà a disinnescare la "modalità antiminaccia".

La fase di analisi risponde proprio a questa esigenza: riconoscere cosa accade dentro di voi in un determinato momento. Per quanto semplice possa apparire, concentrarvi sulla vostra interiorità in questo primo minuto può darvi un senso di sollievo e calma quasi immediato. D'improvviso non siete più soli, perché il "saggio" che è in voi si è risvegliato. Inoltre prenderete le distanze dalle vostre emozioni, riuscendo a tirare il fiato e comprendere l'istante. State già muovendo i primi passi verso la pace.
Se non sono stato in grado di convincervi dell'importanza del primo minuto, allora forse ci riusciranno le conclusioni di alcune ricerche scientifiche:

- più ci si allontana dalla modalità "pilota automatico", più il caos mentale si acquieta;
- quando si riconoscono e considerano le emozioni, il disagio diminuisce;
- la consapevolezza di ricevere attenzioni è rassicurante;
- ci si sente meno soli;
- si pratica un atto di amorevole cura verso se stessi, al quale il cervello risponderà positivamente;
- adottando questa nuova attitudine, si vanno a modificare vecchi schemi negativi e percorsi neurali e aumenta la plasticità (flessibilità) cerebrale.

Trovo incredibile che questo primo minuto possa, da solo, dar vita a effetti tanto straordinari. Sessanta secondi di autosservazione durante i quali si crea serenità, si verificano cambiamenti nel cervello ed emerge una nuova visione di sé.
Ciò che avviene nei minuti successivi non fa altro che potenziare, consolidare e rafforzare questo nuovo approccio alla vita. Ma prima di passare alla prossima fase del workout, ci fermeremo un attimo a mettere in pratica ciò che abbiamo appena scoperto. Ripercorriamo ora i primi due step.

PRENDETEVI UN MINUTO...

Ripetete i passi 1 e 2.

Interrompete ogni attività. Lasciate il libro, mettetevi comodi, chiudete gli occhi se vi è d'aiuto e per il prossimo minuto impegnatevi a:

- riconoscere come vi sentite. Come state? Niente critiche, per favore: non c'è nulla di giusto o sbagliato. Che cosa sta avvenendo dentro di voi?
- a prescindere da quali emozioni emergono, limitatevi a riconoscerle e ad accettarle in quanto parte del vostro essere umani. Vi insegneranno qualcosa di nuovo. Non provate a modificarle, né a liberarvene, né a reprimerle e nemmeno a confermarle.

Annotate brevemente ciò che avete osservato. Vi consiglio di prendervi del tempo per esercitarvi su questo passaggio, finché non vi sentirete a vostro agio e sicuri di padroneggiarlo.

....

....

....

....

....

....

....

MINUTI 2 E 3 – RAGGIUNGERE L'OASI DI PACE

Ogni tanto abbiamo solamente bisogno di staccare la spina. Chissà quante volte avrete sentito questa frase! Ecco, l'obiettivo adesso è proprio questo: allontanarsi da tutto e portare la mente in un luogo più tranquillo. Spesso mi trovo a eseguire questa tecnica quando mi sento oppresso dalle difficoltà della vita e, come potrete intuire, non posso saltare su una nave da crociera o prendere il primo volo per le Bahamas. Tuttavia grazie all'immaginazione possiamo sempre rifugiarci in un luogo capace di calmare subito i pensieri. Io lo trovo utilissimo, specialmente quando mi sento sopraffatto dalle difficoltà personali e lavorative. E allora faccio viaggiare la mente fino al mio luogo zen, l'oasi di pace, che per me è un lago del New England, e mi sento subito più lucido e a posto con me stesso.

PASSO 3 – RAGGIUNGERE L'OASI DI PACE

Avete ormai imparato a portare a termine i primi due passi: fermarsi e analizzare. La prossima fase prevede di trovare, all'interno della vostra mente, un luogo di serenità e pace zen.
Come ho già avuto modo di anticipare, io ricorro alla tecnica del tapping, ossia la stimolazione bilaterale, impiegata nella terapia

della desensibilizzazione e rielaborazione attraverso i movimenti oculari (EMDR) e indicata come l'esercizio del "posto sicuro". In questa sede, faremo riferimento all'EMDR perché è un metodo capace di calmare in fretta la mente. Una volta praticata e metabolizzata questa tecnica, potrete metterla in atto durante i minuti 2 e 3 del vostro allenamento quotidiano, dopo esservi fermati e aver riconosciuto il vostro stato interiore.
Mi riferirò a tale fase come al momento in cui si raggiunge l'oasi di pace mentale. Se associata al tapping, la tecnica contribuisce a sviluppare un senso di stabilità, facendovi sentire ancorati alla realtà anche se state affrontando emozioni o ricordi scomodi.
La peculiarità di questo passo è che permette alla mente di vagare per raggiungere in fretta un posto di quiete e tranquillità, tramite tre operazioni:

1. **visualizzazione**: create l'immagine mentale della vostra oasi di pace;
2. **identificazione**: associatele una parola;
3. **tapping**.

Nella *Cura dei 10 minuti*, la tecnica del tapping si concretizzerà in una semplice serie di tamburellamenti, lenti e ritmati, alternando mano sinistra e mano destra, sulle cosce oppure sulla parte superiore delle braccia dopo averle incrociate.
Immagino che vi stiate domandando che senso possa mai avere. La farò breve. Le ricerche dimostrano che il tapping ha i seguenti effetti:

- rilassa e distende;
- sblocca i pensieri;
- vi porta a distanziarvi mentalmente e ad allontanarvi dai vostri problemi;
- riduce le preoccupazioni.

L'efficacia del tapping nel sortire tali effetti è ancora oggetto di discussione e di ricerca da parte del mondo delle neuroscienze. Alcuni ritengono che gli stimoli fisiologici innescati dal tamburellamento rappresentino una sorta di diversivo che suscita nuove risposte positive da parte del cervello. Tuttavia, l'unica cosa che ci interessa sapere è che funziona. In sostanza, creando la nostra oasi di pace tramite un'immagine e una parola e accompagnando il processo con il tapping, diciamo al cervello di "installare" questa immagine positiva e rassicurante, che a sua volta induce uno stato emotivo più tranquillo e sensazioni fisiche più distese. Ogni volta che chiuderete gli occhi, rifugiandovi nella vostra oasi ed eseguendo il tapping, si attiverà l'installazione del vostro posto sicuro.

Attenzione! Non si dovrebbe ricorrere al tapping in presenza di ipersensibilità agli stimoli sensoriali, come nel caso di problemi neurologici, lesioni cerebrali, emicranie, epilessia, disturbo post-traumatico da stress, o in caso di diagnosi di disturbo dissociativo dell'identità. Se avete dubbi e avete bisogno di consigli, rivolgetevi al parere esperto di un terapeuta specializzato in EMDR. Allo stesso modo, se qualche aspetto della tecnica vi mette a disagio o fa insorgere stress (anche se tengo a sottolineare che avviene molto di rado), allora potrete optare per una soluzione alternativa che sia più adatta a voi, per esempio facendo respiri profondi. Detto questo, per la stragrande maggioranza delle persone il tapping è un metodo sicuro ed efficace che genera sollievo immediato.

INSTALLAZIONE DELL'OASI DI PACE

Questa tecnica richiede esercizio, ma, una volta appresa, è estremamente utile per calmare in fretta l'attività mentale. Quando la padroneggerete, sarete in grado di rifugiarvi istantaneamente nella vostra oasi di pace durante il workout quotidiano. Vi garantisco ancora una volta che si tratta di un metodo semplice, sicuro ed efficace.

VISUALIZZATE L'OASI DI PACE

Prendetevi qualche attimo per definire mentalmente l'immagine di un luogo, reale o immaginario, che per voi rappresenta pace, calma e riposo. Di solito si opta per spiagge, monti, paesaggi di campagna e laghi, ma la scelta spetta a voi. L'importante è che sia unico e personale e che diventi il *vostro* rifugio. Rifletteteci con calma, visto che vi recherete lì ogni giorno, poiché la familiarità contribuisce ad accrescere la tranquillità.

Quando avete definito il luogo, chiudete gli occhi e restate seduti in silenzio, facendo attenzione a cosa vedete e percepite (colori, odori, sensazioni tattili e suoni). Lasciatevi assorbire per un momento e godetevi il senso di fuga e libertà che regala. È il vostro tempo, il vostro spazio. Un'oasi sicura, calma e tranquilla.

Dopo aver messo a fuoco ciò che provate, notate in quali punti del corpo sentite caldo. Inspirate ed espirate, assaporate lentamente il senso di pace che state provando e poi riaprite pian piano gli occhi.

PRENDETEVI UN MINUTO...

Prendete qualche appunto sulla vostra oasi di pace e gli eventuali suoni, odori, sensazioni che la accompagnano. Come si sente il vostro corpo quando concedete alla mente di vagare fin lì?

....

....

....

....

....

....

....

....

....

....

ASSOCIATE UNA PAROLA ALL'OASI DI PACE

Adesso che avete visualizzato e definito il vostro personale luogo di pace e avete avuto modo di "sentire" la quiete che vi regna, vi invito a scegliere una parola o un nome con cui identificarlo. È fondamentale che il termine che sceglierete per richiamare velocemente la vostra oasi sia personale e tutto vostro. Deve funzionare per voi. Il mio porto è il Sebago Lake e la parola alla quale l'ho associato è "quiete".
Scegliete la vostra e annotatela subito.

PRENDETEVI UN MINUTO...

Appuntatevi la parola o il nome che avete associato alla vostra oasi:

....

Chiudete gli occhi e, mentre visualizzate voi stessi seduti nel vostro luogo di pace, immaginate di ripetere per cinque volte a voce alta il nome o il termine che avete scelto. Lasciate che l'immagine e la parola si imprimano nella vostra mente, in modo che possiate accedervi ogni volta che metterete in pratica il workout. Dopo qualche tentativo, vi basterà ripetere il nome per raggiungere la vostra oasi.

TAPPING

L'ultima fase dell'installazione mentale dell'oasi di pace prevede la ripetizione di quanto sopra esposto con l'aggiunta del tapping.

- Chiudete gli occhi.
- Arrivate nell'oasi di pace.
- Ripetete il nome ad alta voce dentro di voi.
- Effettuate il tapping per completare il processo.

Una volta visualizzata l'immagine e ripetuta la parola, non dovete far altro che iniziare a tamburellare con le mani. Eseguite un totale di venti ripetizioni: alternando mano sinistra e mano destra, con movimenti *lenti*, battendo sulle cosce o sulla parte alta del braccio. Ricordate di eseguire il tapping con una mano alla volta. Immaginatevi di suonare la batteria, a colpi alternati, sinistra e poi destra, e di farlo molto lentamente, all'incirca come un applauso al rallentatore.

Adesso facciamo il punto della situazione:

- avete completato le prime due fasi (fermarsi e analizzare);
- siete giunti nella vostra oasi di pace:
  1. gli occhi restano chiusi;
  2. viaggiate mentalmente fino alla vostra oasi (tramite la visualizzazione);

3. ripetete il nome o la parola;
4. usate il tapping (venti ripetizioni) per completare l'installazione.

Benvenuti. Siete nella vostra oasi.
Respirate normalmente, limitatevi a restare in questo spazio mentale per due minuti o per il tempo che ritenete opportuno, come se vi steste concedendo una pausa su un prato in una bella giornata di sole.
Ricordate che questo è un luogo in cui potete rifugiarvi in qualsiasi momento, giorno e notte, ogni volta che sentite il bisogno di ritrovare l'equilibrio e di dar riposo alla mente. I passaggi che seguite per arrivarci (la visualizzazione, l'identificazione e il tapping) vi permettono di creare uno stato di calma che favorirà il vostro funzionamento cerebrale.
Grazie alle neuroscienze sappiamo che, durante questa fase dell'allenamento mentale, nel vostro corpo si verificano le seguenti modificazioni:

- l'attività cerebrale rallenta gradualmente;
- il "meccanismo antiminaccia" viene ulteriormente disattivato;
- si attiva il sistema nervoso parasimpatico, che favorisce il rilascio degli ormoni della felicità, tra cui la dopamina e la serotonina;
- si prova un maggiore senso di calma e quiete;
- il respiro e il battito cardiaco rallentano.

PRENDETEVI UN MINUTO...

Ora esercitatevi, unendo le tre fasi del percorso verso la vostra oasi di pace. Tenendo gli occhi chiusi, eseguite la visualizzazione, l'identificazione e il tapping.
Per accedere al vostro luogo, rievocate mentalmente l'im-

magine di questo spazio, usate la parola che avete scelto ed eseguite venti tamburellamenti alternati. Godetevi per due minuti la pace della vostra oasi. L'unico obiettivo è assaporare la serenità e, qualsiasi sensazione emerga, lasciatela esistere. Immaginatelo come un posto per rilassarvi e non fare niente, se non concedere alla mente di riposare e a tutto il resto di rallentare.
Ora, quando vi sentite pronti, provate a mettere insieme le fasi che abbiamo visto finora. Eseguite in sequenza i passi 1, 2 e 3.

1. Fermatevi.
2. Analizzate.
3. Raggiungete l'oasi di pace.

Annotate brevemente le sensazioni che avete provato eseguendo i tre punti:

....

....

....

....

....

....

....

Avete ormai completato i primi tre minuti del workout. Complimenti per essere arrivati fin qui. Spero che, benché sia appena l'inizio, stiate cominciando a comprendere quanti benefici potete ottenere da questi tre semplici passi. Nel prossimo capitolo, analizzeremo il quarto e il quinto minuto e impareremo a sfruttare la respirazione per potenziare l'allenamento.

MINUTI 4 E 5 – RESPIRARE

Samuel è un ragazzo di diciott'anni che si è rivolto a me per affrontare i suoi attacchi di panico. Di solito per trattare questi disturbi si insegnano tecniche di respirazione che aiutano a rilassare la mente e il corpo. Tuttavia a quel pensiero l'ansia di Samuel peggiorava, perché lui aveva paura di smettere di respirare. Insomma, era arrivato a percepire la stessa respirazione come una minaccia! Ne ho visti tanti di casi come questo: i sintomi dell'attacco di panico scatenavano in Samuel una spirale di pensieri negativi e lui ne restava prigioniero.

Un giorno gli ho chiesto se durante un attacco di panico o mentre si concentrava sulla respirazione la sua paura si fosse mai realizzata. Dopo un attimo di esitazione, mi ha risposto con un sorriso: «Certo che no!». In quel momento, ho assistito a una specie di magia: d'un tratto Samuel è riuscito a vedere le cose da un altro punto di vista. Anziché considerare il respiro come una minaccia, abbiamo fatto in modo che lo concepisse come una fonte di potere e forza. È proprio questo cambio di prospettiva ad aver fatto la differenza: Samuel ha cominciato a fare affidamento sulla respirazione per calmarsi, modificando al contempo il modo di interpretare gli altri sintomi degli attacchi di panico.

Quando lo facciamo con consapevolezza, ogni nostro respiro può rafforzarci e rinnovarci, specie nei periodi di maggiore stress.

Sono convinto che la respirazione offra alla mente lo stesso apporto che le sostanze nutritive offrono al corpo, e in questo capitolo approfondiremo lo straordinario potere del respiro.

PASSO 4 – INSERIRE IL RESPIRO NEL WORKOUT

A questo punto avete ormai preso dimestichezza con i primi tre minuti del workout e vi siete esercitati a rallentare la vostra attività mentale. Ora ci concentreremo sui due minuti successivi, al fine di potenziare il processo per sedare alcune inutili attività della mente. Riassumendo, adesso siete in grado di:

1. fermarvi;
2. analizzare le vostre sensazioni;
3. raggiungere la vostra oasi di pace.

Il prossimo passo consiste nell'impiegare uno degli strumenti più essenziali e calmanti che abbiamo a disposizione, ovvero *la respirazione.*

TORNARE AL POSTO DI COMANDO

Possiamo contare sulla respirazione ventiquattr'ore su ventiquattro, durante ogni istante della nostra vita su questo pianeta. Concentrarsi su di essa è uno dei mezzi più straordinari, semplici e positivi per ancorarci al momento presente.
L'attenzione alla respirazione è un aspetto centrale della mindfulness, una tecnica di meditazione che trae spunto dalla tradizione e dagli insegnamenti del Buddhismo. Come ho già avuto modo di anticipare, gli studi dimostrano che gli effetti della mindfulness sul cervello sono estremamente positivi. Allenare la mente a mantenere la concentrazione su un determinato aspetto del mo-

mento presente (la respirazione, per esempio) porta ad attenuare il caos mentale e favorisce un senso di calma. In sostanza, distoglie l'attenzione dall'attività frenetica e la orienta verso un altro obiettivo. Mi spiego: concentrandoci sul respiro, assegniamo al nostro cervello un altro lavoro da svolgere. La differenza sta nel fatto che ora siete al posto di comando e potete continuare il vostro viaggio verso acque più tranquille.

La prossima volta che vi capita di vedere un bimbo, prestate attenzione a come respira. I bambini piccoli lo fanno di pancia, in modo coinvolto e appagato, senza preoccuparsi e senza tentare di trattenere l'aria. Naturalmente, quando hanno bisogno di qualcosa, sfruttano il fiato per comunicarci le loro esigenze con gridolini e pianti. Il loro è un respiro libero, non ancora soggetto alle restrizioni né alle necessità della vita.

Per contro, osservate il vostro respiro o quello di un altro adulto. Se potete, fatelo in questo momento.

PRENDETEVI UN MINUTO...

Il vostro respiro è calmo e di pancia, oppure superficiale e di petto?

Per capirlo, appoggiate una mano sul punto che sentite gonfiarsi durante la respirazione. Ripeto, qui non c'è alcun tono di critica, né ci sono cose giuste o sbagliate. Limitatevi a osservare.

LA CONSAPEVOLEZZA DEL RESPIRO E DEL CORPO

Il più delle volte non prestiamo attenzione al nostro respiro. Respiriamo in modo superficiale, con il petto, spesso a un ritmo troppo accelerato, e questa tendenza si aggrava se aumentano i livelli di stress. Eppure concentrarsi su di esso può tradursi in uno dei metodi più liberatori per rilassare mente e corpo e creare istantaneamente un senso di tranquillità.

Ho deciso di non affrontare questo argomento all'inizio dei dieci minuti perché sono convinto che, per sfruttare al meglio i benefici della respirazione, sia prima necessario scegliere di fermarsi, riconoscere le proprie emozioni e raggiungere mentalmente la propria oasi di pace.

Da psicoterapeuta, spesso mi sono trovato a dire ai miei pazienti: «Faccia semplicemente un respiro», ma non sempre sono riuscito a ottenere l'effetto desiderato. Non c'è niente di sbagliato in questo consiglio e, in effetti, in molti casi funziona, ma per *La cura dei 10 minuti* vorrei sfruttare al meglio il potenziale della respirazione. L'esperienza mi ha insegnato che è molto più efficace e utile riuscire a tranquillizzarsi e concentrarsi *prima* di focalizzarsi sul respiro.

I prossimi due minuti del workout si svolgeranno in questo modo:

- nel primo si adopererà una respirazione consapevole, lenta e ritmata, per connettersi al momento presente. Il suo unico scopo sarà di renderci consapevoli del respiro: osservarlo e avere coscienza dell'inspirazione e dell'espirazione;
- nel secondo si sfrutterà la respirazione per stabilire un contatto con il corpo e lasciarlo andare (ripeto: molti studi dimostrano che un fisico rilassato ha effetti positivi anche sulla mente). Notare ciò che avviene nel corpo e percepire il proprio respiro può essere estremamente utile. A tal proposito, numerosi psicologi ed esperti di mindfulness hanno fatto affascinanti scoperte sul modo in cui la respirazione può contribuire ad alleviare il dolore e altri disturbi. Alcune ricerche sono giunte alla conclusione che i suoi effetti analgesici sono paragonabili a quelli di alcuni trattamenti farmacologici.

IL RESPIRO COME FONTE DI ENERGIA

Ora vi propongo di aggiungere un altro elemento ai due minuti che userete per entrare in contatto con il respiro e il corpo. Mentre vi concentrate sulla respirazione, visualizzatela come se fosse una specie di centrale elettrica, che genera energia che può essere impiegata per ricaricare, stimolare e rafforzare.

Ogni boccata d'aria che inspirate con consapevolezza può trasformarsi in un impulso di rinnovamento, proprio come nel caso di Samuel.

Fermatevi un attimo a rifletterci: non esiste fonte di energia più potente del respiro. È il fulcro della nostra esistenza, senza non c'è vita. Se volete, potete limitarvi a concentrarvi sulla respirazione senza visualizzarla, la soluzione sarà altrettanto efficace, ma se preferite associarla a un'immagine vi riporto alcuni suggerimenti che potrebbero suonarvi familiari.

- **Fare il pieno**: con questa immagine, potrete raffigurarvi la connessione stabilita con il respiro come una sorta di rifornimento. In tal modo innescherete una sensazione di energia, potere e ricarica ogni volta che vi concentrerete consapevolmente sulla respirazione.
- **Connessione con un'entità superiore**: per i credenti, il respiro può essere visualizzato come il contatto con una forza spirituale e ciascuna inspirazione diventerà fonte di rinnovamento e forza che orientano verso il cambiamento.
- **Sentirsi tutt'uno con l'universo**: alcune persone potrebbero trovare utile questa immagine che innescherà un senso di energia e forza.
- **Contatto con la natura**: molti credono nel grande potere curativo e nella forza della natura. Se una specifica immagine – che sia l'acqua, una montagna o persino un albero – è in grado di promuovere in voi un senso di rinnovamento ed

energia, siete liberissimi di usarla. Per esempio, la scelta del mare per la visualizzazione del respiro innesca un meccanismo rigenerante e purificatore.

- **Collegamento con la scienza**: in questo modo il contatto con il respiro si fonda sulle scoperte del mondo delle neuroscienze. Ogni inspirazione contribuisce positivamente a orientarci verso il cambiamento mentale.

Dopo aver completato i passi 1, 2 e 3, ora potete integrare il vostro allenamento con il passo 4, ossia il contatto con il respiro.

ENTRARE IN CONTATTO CON IL RESPIRO

Questa fase si compone di due parti, della durata di un minuto ciascuna.

PRIMO MINUTO

Rimanete a occhi chiusi nella vostra oasi di pace, non dovete far altro che concentrarvi sulla respirazione.

Dopodiché inspirate in modo lento e consapevole per quattro secondi, poi espirate per altri quattro secondi. Ripetete per un minuto. (Ricordate però che non è necessario seguire pedissequamente i tempi; dovrebbero essere circa otto cicli.)

Notate se, nel frattempo, siete stati distratti da altri pensieri: in tal caso, non ammettete la distrazione e tornate a concentrarvi sul respiro.

Come per gli altri aspetti del workout, non è necessario che sia tutto perfetto. Se venite distratti da qualcosa, questa consapevolezza dimostra che siete ancorati al momento presente. Cercate di non essere troppo severi con voi stessi, siate gentili e pazienti. Non c'è niente di sbagliato. La magia sta semplicemente nel fatto di prestare attenzione a ciò che sta avvenendo dentro di voi. Vi consiglio di esercitarvi subito con questo minuto di respirazione. Se, per qualsiasi ragione, lo trovate troppo complicato, concentrate i vostri pensieri su qualche altra cosa, per esempio un suono o una sensazione fisica. Io comunque raccomando di prediligere il respiro.

Allora, come vi sentite? (Annotate qualche pensiero per descrivere la vostra esperienza, potrà esservi utile per un confronto futuro.)

....

....

....

....

....

....

....

SECONDO MINUTO

Sempre con gli occhi chiusi, restate concentrati sul respiro, ma adesso lasciate che si assesti sul vostro ritmo naturale. In questo minuto, prestate attenzione al corpo durante la respirazione, limitandovi a notarne i movimenti e le sensazioni. Vi suggerisco di osservarlo suddividendolo in tre porzioni:

- parte bassa, dai piedi ai fianchi;
- parte alta, dal tronco alle spalle;
- testa e collo.

Dovete limitarvi a prendere coscienza di cosa succede nel vostro corpo e continuare a respirare. In questo modo si allenterà la tensione fisica. Lasciate che ciò avvenga, senza forzare la mano. Lasciate che siano il respiro e la forza della vostra consapevolezza a far tutto.

Adesso fermatevi un minuto e provateci.
Come sempre, prendete nota delle sensazioni che vi suscita questo momento.

....

....

....

....

....

COMBINARE L'ATTIVITÀ RESPIRATORIA

Ora non vi resta che unire il primo e il secondo minuto. Riassumiamoli per chiarezza.
Primo minuto: tenete gli occhi chiusi e restate nella vostra oasi di pace, prendete consapevolezza del vostro respiro, concentrandovi sull'inspirazione e l'espirazione per qualche ciclo.
Poi inspirate consapevolmente, contando fino a quattro, ed espirate per altri quattro secondi. Ripetete la sequenza per un minuto (oppure per otto cicli inspirazione/espirazione). Il mio consiglio è di non preoccuparsi di rispettare scrupolosamente i tempi, perché troverete da soli il vostro ritmo interiore e comincerete ad accorgervi dei cambiamenti.
Secondo minuto: sempre a occhi chiusi, restate concentrati sul respiro, ma ora lasciate che segua il suo ritmo naturale. In questo lasso di tempo, prestate attenzione al vostro corpo, suddividendolo in tre settori, e notate quali sensazioni si presentano.
Com'è stato?
Il mio consiglio è di dar valore a ciascun respiro, perché, quando viene fatto con consapevolezza, racchiude in sé un'energia inimmaginabile.

Come per i capitoli precedenti, riassumerò quanto emerso dalle ricerche neuroscientifiche, per farvi comprendere l'importanza della respirazione consapevole nella *Cura dei 10 minuti*.

- Sul piano fisiologico, si attiva il sistema nervoso parasimpatico, che genera un senso di tranquillità.
- Si riduce l'attività del sistema nervoso simpatico con una conseguente diminuzione delle risposte allo stress.
- Le risonanze magnetiche hanno dimostrato un calo dell'attività dell'amigdala, la ghiandola che attiva il nostro "meccanismo antiminaccia".
- Migliorano la concentrazione e l'attenzione e aumenta la creatività.
- Il fisico si sente più disteso, e ciò a sua volta si traduce in un miglioramento dello stato mentale.
- Proverete un maggiore senso di benessere e felicità.

Nel prossimo capitolo, capiremo come gestire i pensieri. Prima di considerare il passo successivo, vi suggerisco di ripetere le pratiche che abbiamo analizzato in questo capitolo e di prendervi dimestichezza finché non riuscirete a padroneggiarle. Poi, quando sarete pronti, provate a combinare tutti i passaggi. Ricordate che non è una gara: procedete sempre con il ritmo che trovate più adatto a voi.

MINUTI 6 E 7 –
DOMARE I PENSIERI

Vi racconto ora l'incredibile storia di una donna che va in terapia perché, nonostante una vita fatta di successi, non è in grado di tenere a bada i pensieri negativi.

Il terapeuta allora le chiede perché, secondo lei, rimane intrappolata in questa spirale di negatività e lei risponde di sentirsi inadeguata.

Scavando più a fondo, il terapeuta le domanda come mai abbia una simile considerazione di sé e la donna tira in ballo la bassa estrazione sociale della sua famiglia d'origine. Pochi mesi più tardi, la donna riceve come regalo di Natale una ricerca genealogica da cui, a sorpresa, scopre di avere nobili origini. Insomma, i suoi pensieri negativi non avevano alcun fondamento. Questo ci dimostra che ciò che conta veramente è l'opinione che la donna aveva di sé, e quindi ciò che crediamo di noi stessi.

I PENSIERI SONO COSA ALTRA

Spesso quello che ci raccontiamo non si basa su fatti reali e non spiega nulla del nostro valore in quanto persone. Talvolta non mettiamo in dubbio le storie negative a cui scegliamo di credere. Adesso passeremo a prendere in considerazione i pensieri.

Se ricordate cosa abbiamo detto nel capitolo sui capricci della mente, sapete che spesso nel nostro cervello regna il caos. Inoltre, può succedere che, col passare del tempo, i nostri schemi di pensiero si cristallizzino.
Mi è capitato con una certa frequenza di sentire esternazioni di questo tenore:

- «Sono il peggior nemico di me stesso»;
- «Sono nato ansioso»;
- «Non me ne va dritta una»;
- «Capitano tutte a me»;
- «Non sono all'altezza».

Simili affermazioni, purtroppo, se ripetute spesso, possono trasformarsi in convinzioni e diventare una specie di profezia destinata ad avverarsi.
Una volta ho chiesto a Sarah, una malata terminale di cancro alla cervice di soli trentun anni, che cosa intendesse quando diceva di voler riavere indietro il tempo. Non poteva immaginare quanto mi avrebbero segnato le sue parole: «Trascorrerei ciascun giorno lasciando correre più cose e mi tratterei con maggiore dolcezza».
Dunque vorrei che vi fermaste a riflettere. Vi identificate nelle parole di Sarah?

PRENDETEVI UN MINUTO...

Adesso vi invito a riflettere per qualche istante, chiedendovi se vi sembra:

- di lasciar correre cose prive di importanza;
- di impiegare il tempo in modo saggio;
- di trattarvi con gentilezza.

Prendete nota delle vostre risposte.

Tenete bene a mente che non c'è niente che sia giusto, oppure sbagliato.

....

....

....

....

Ora, considerando le vostre risposte, quali cambiamenti vorreste attuare?

CHI COMANDA? VOI O I VOSTRI PENSIERI?

Questo capitolo, che descrive i minuti 6 e 7 del workout, sfrutterà alcune tecniche della terapia cognitivo-comportamentale. Questo modello terapeutico studia il modo in cui gli schemi di pensiero si ripercuotono sullo stato d'animo. I pensieri, a loro volta, sono avvalorati da regole o credenze quotidiane che sviluppiamo in relazione alla nostra personalità, agli altri e al mondo. Tali convinzioni sono frutto di esperienze concrete, in genere fortemente condizionate dal contesto familiare, dalla cultura, dalla religione o dagli eventi che abbiamo vissuto. Penso sia utile immaginare la TCC come una torta a tre piani.

- **Glassa – pensieri**: le immagini, le storie e le fantasie caotiche che frullano nella nostra testa.
- **Strato centrale – convinzioni**: le regole uniche e peculiari che ciascuno segue nella vita. I sistemi di valori sono generalmente caratterizzati da una serie di presupposti fatti di «dovrei» o «devo». Per esempio, «non dovrei mai dire di no», «devo essere buono», «non devo deludere gli altri».

- **Base – principi di base**: la sensazione che proviamo nel profondo che può prorompere in un grido di impotenza o inutilità, e che mette in discussione le nostre capacità e il nostro umore.

Le ricerche scientifiche hanno dimostrato che una trasformazione nel modo di relazionarci ai nostri pensieri influenza positivamente sia le convinzioni sia i principi di base. È questo il risvolto straordinario della terapia cognitivo-comportamentale. In parole povere, ciò che avviene nello strato più superficiale della torta filtra in quelli sottostanti. Se gli schemi mentali sono sempre negativi o critici, allora questa glassa di negatività inzupperà gli strati inferiori e andrà a rafforzare sia le credenze negative sia i principi di base. Se invece gli schemi mentali si fanno più adattivi (o flessibili), allora avranno un impatto positivo e proficuo sulle nostre convinzioni. Noterete che ho evitato di usare l'espressione «pensiero positivo»: non amo questo concetto e ora ve ne spiego il motivo.

COSA NON FUNZIONA NEL PENSIERO POSITIVO?

Al pensiero "positivo" preferisco quello "adattivo", perché sono convinto che ci porti a cambiamenti più realistici e costruttivi. Non c'è bisogno di indorare la pillola: a volte la vita è dura e ci sono periodi in cui non è possibile adottare il pensiero positivo. In caso di una grave perdita o di un tragico lutto, il pensiero positivo potrebbe apparire crudo o privo di tatto, e concentrarsi su di esso non funziona e non basta. Durante la mia esperienza a contatto con i malati terminali, ho visto spesso le persone – compresi i professionisti – tentare di consolare i pazienti ricorrendo a frasi fatte. Incoraggiare un pensiero positivo *illusorio*, dato che non ci sarebbe stato alcun lieto fine, era privo di utilità e lasciava il malato con la sensazione di aver fallito per non essere riuscito a "sconfiggere il cancro", oppure per non essersi sforzato abbastanza nel "guardare il lato positivo". In situazioni come quelle si rivelava invece molto più efficace promuovere il pensiero adattivo. Insomma: era meglio aiutare i pazienti a riflettere sulla vita nel modo che, nei limiti del possibile, li rendeva più felici.

Capisco che, in circostanze disperate, è importantissimo alimentare la speranza, ma spesso la si trova sviluppando la flessibilità necessaria per adattarsi alla realtà, anziché aggrappandosi alla fantasia di ciò che sarebbe potuto essere.

Nella vita di tutti i giorni, dire a una persona di pensare positivamente e di considerarsi la più bella, la più famosa, la più straordinaria sulla faccia della Terra è un approccio che non paga: è molto più proficuo concentrarsi sui suoi veri punti di forza e sulle sue reali possibilità. Pensate a quei giovani cresciuti nella convinzione che sarebbero diventati il prossimo David Beckham o la futura Naomi Campbell. Alcuni sondaggi ci informano che la maggior parte dei bambini sogna di diventare famosa, eppure le statistiche ci dicono che soltanto una piccola percentuale di loro ci riuscirà. Insomma, quel che mi preme è porre l'accento sull'importanza di guardare le cose nella giusta prospettiva, "ristrutturando" il nostro modo di pensare.

Dunque, torniamo ai minuti 6 e 7 del workout, che serviranno a identificare schemi di pensiero inutili e negativi e vi permetteranno di capire cosa potete lasciar correre. A tale scopo, dovrete considerare ciò che c'è di vero nei vostri schemi mentali e valutare come rapportarvi a essi in modo diverso.

Per aiutarvi, condividerò con voi il caso di Jimmy, che ha dovuto impegnarsi molto per riuscire a tenere sotto controllo lo stress lavorativo. Jimmy era cresciuto con un padre ipercritico, in una famiglia dove i litigi e le discussioni erano all'ordine del giorno. Il padre lo sgridava e lo intimidiva sistematicamente, rimproverandolo di essere un buono a nulla e, di conseguenza, i suoi risultati scolastici lasciavano a desiderare. Più avanti, crescendo, Jimmy non ha sviluppato fiducia in se stesso e ha continuato a sentirsi inferiore agli altri, così si è rivolto a me esponendo tre ostacoli chiave.

- **La tendenza a pensare al peggio**: ogni volta che non raggiungeva un obiettivo professionale o non rispettava una scadenza, Jimmy si ripeteva che sarebbe stato mandato via, anche se neppure i suoi colleghi avevano raggiunto tutti gli obiettivi aziendali e nonostante non fosse mai stato licenziato in vita sua.
- **L'autocritica**: Jimmy valutava severamente il proprio lavoro e le proprie capacità.
- **La sovrainterpretazione**: spesso a Jimmy capitava di fraintendere il capo e di presumere che, in cuor suo, lo stesse criticando.

Il vissuto di Jimmy si è tradotto in convinzioni e schemi di pensiero negativi: presumeva sempre che chi aveva autorità si sarebbe comportato come suo padre. La realtà gli forniva altri dati da prendere in considerazione, ma lui li ignorava. Non si rendeva conto che:

- rientrava nel 5 per cento dei performer dell'azienda;
- il capo non l'aveva mai criticato;
- aveva talento ed era bravissimo a gestire il proprio lavoro.

Lo stress di Jimmy veniva alimentato dai pensieri e dal suo modo di interpretare gli eventi, che chiaramente traeva origine dal suo passato. Una volta in grado di riconoscere e comprendere i suoi schemi mentali, ha cominciato a lasciarli correre e a considerarli per ciò che erano realmente: semplici *pensieri*, non *fatti*.

Spesso non sono gli eventi della vita a rappresentare le sfide più ardue, ma l'interpretazione che ne diamo. Scoprire quali sono gli schemi che operano nella nostra mente e sviluppare la capacità di osservarli e lasciarli andare ci dona un grande senso di libertà. Durante l'allenamento quotidiano, richiamerete alla mente gli schemi inutili che avete individuato e imparerete l'arte di osservarli e dissiparli. A tale scopo, però, è fondamentale riuscire a identificarli. All'inizio, può risultare destabilizzante scoprire quanto alcuni di questi siano rilevanti e persistenti. Credetemi, io sono rimasto allibito quando sono giunto a comprendere il meccanismo dei miei.

PENSIERI IMPROVVISI

Identificare gli schemi mentali nocivi dovrebbe rivelarsi un esercizio molto interessante. So bene che il loro contenuto può apparire negativo o irritante, ma vi suggerisco di adottare un approccio curioso e ironico. Sarà come mettere a nudo un lato di voi di cui non siete mai stati consapevoli, perché gli schemi mentali negativi si manifestano in modo automatico. Sono sicuro che vi riconoscerete in alcuni di quelli presentati a pagina 94... devo ancora incontrare una persona per cui il discorso non valga!

Mi diverte sempre proporre e portare a termine questo esercizio all'interno dei miei workshop. Quando chiedo ai partecipanti che si riconoscono in questi schemi di entrare nei dettagli della questione, si guardano timidamente attorno come bambini sorpresi con le mani nella marmellata. Sui loro visi compare un'espressione del tipo: «Devo proprio?». Però alla fine della giornata, quando ripropongo la stessa domanda, tutti si sentono portati a rispondere.

Il problema di questi schemi mentali negativi è che sono talmente abituali e "accessibili" da sembrare normalissimi. I pensieri critici si presentano all'improvviso e senza avvertimento, come fossero dei pupazzi a molla. Spesso sono così forti e convincenti che all'inizio li ascoltiamo e poi ci sforziamo di sbarazzarcene, con l'unico risultato che tornano con rinnovato vigore. Purtroppo il cervello funziona in questo modo: se cercate di allontanare qualcosa, continuerà a riproporvelo fino a quando non gli accorderete la dovuta attenzione. Comunque sia, la soluzione è facile. Dovete smetterla di scappare dai pensieri: non vi faranno male e non vi definiscono in quanto persone.

COSA VI DICE LA VOCINA CRITICONA?

Una signora che ha preso parte a un mio workshop non riusciva a mettersi in contatto con il suo lato compassionevole durante l'allenamento.

Le ho chiesto di condividere con il gruppo ciò che le sussurrava la sua vocina compassionevole per spronarla nei momenti di difficoltà e lei mi ha risposto: «Mi urla dietro: "Datti una mossa, brutta sfigata!"». Quando poi ha aggiunto: «E questo per incoraggiarmi... provate a immaginare cosa mi dice quando vuole darmi addosso!», gli altri partecipanti non riuscivano più a trattenere le risate.

Credo che chiunque sia in grado di azzardare un'ipotesi su quello che potrebbe sentirsi dire dalla propria vocina criticona ed è fuor di dubbio che ciascuno di noi abbia un rimprovero ricorrente, pronto a piombargli addosso alla prima occasione.

A CHI PIACCIONO I PREMI DI CONSOLAZIONE?

Quando parlo della nostra vocina interiore sempre pronta a criticarci, mi piace usare un'analogia. Molti miei connazionali ricorderanno *The Generation Game*, un quiz televisivo in cui i premi venivano posizionati su un nastro trasportatore e, per vincerli, il concorrente doveva ricordarne l'ordine. Tra questi c'erano sempre un bollitore, un peluche e un set di valigie.

Ecco, credo che per certi versi la nostra mente assomigli proprio

a quel nastro, dove non mancano mai autocritica, svilimento e autodenigrazione. A differenza del quiz, quelli sul nostro nastro mentale sono premi di consolazione. Siamo tutti colpevoli di essere troppo duri con noi stessi, e durante il vostro workout giornaliero riuscirete ad allontanarvi da quest'attitudine e a mostrarvi convinti, pieni di fiducia e consapevoli di meritare di più. Una maggiore calma, di per sé, non basta, perché la mente non sarà sempre serena, né la vita sempre facile. Ciò che influisce in modo considerevole è come reagiamo nei confronti di noi stessi durante il vorticare dei pensieri o degli eventi.
Grazie alla *Cura dei 10 minuti*, troverete il coraggio di affrontare i vostri schemi mentali, prestando particolare attenzione a quelli che sembrano gli ostacoli più insormontabili, che potrebbero anche variare di giorno in giorno. Il segreto, comunque, sta nel riuscire a individuare in fretta cosa accade dentro di voi in modo da poterci scherzare su, magari dicendovi: «Oh, ecco che è tornato l'inquisitore!». Così facendo, gli schemi mentali diventano vecchi compagni e possiamo cominciare a prendere meno sul serio le loro frecciatine. Ripeto, non sono nemici: hanno solo bisogno di essere considerati. L'obiettivo è sviluppare la capacità di prenderne atto per poi lasciarli andare: è questo il vero segreto. In parole povere, tutto sta nel sapersi relazionare consapevolmente ai propri pensieri.

I SOLITI SOSPETTI

Adesso delineerò le caratteristiche dei sei schemi di pensiero che, secondo la mia esperienza, creano più problemi alle persone. Magari voi avete a che fare con modelli diversi, quindi non abbiate paura ad aggiungerli alla lista! Ho attribuito a ciascuno di essi un ruolo, perché in fondo sono come i personaggi di un'opera teatrale che a volte vogliono salire alla ribalta.

L'INQUISITORE

Questa figura incarna il pensiero critico, un atteggiamento che alla lunga può essere sfiancante perché è implacabile e si autoalimenta.

Il suo tono è perentorio, vi mette davanti le prove del fatto che è tutta colpa vostra, che non avreste dovuto essere così ingenui, e vi domanda come abbiate potuto permettere che accadesse. Di solito non è un giudice equo, tutt'altro: ha una visione tendenziosa della realtà e punta sempre il dito contro di voi. Alcune affermazioni tipiche di questa figura sono:

- «Non ne azzecchi una»;
- «Ma come hai potuto?»;
- «Te l'avevo detto, fai sempre così»;
- «Ma quando imparerai?»;
- «Sei inutile, patetico e debole».

IL GENERALE

Gli schemi mentali di questo personaggio sono caratterizzati dal rigore e dalla priorità data al *dovere*. Il generale detta regole ferree sul modo di comportarsi e su cosa è doveroso fare per dimostrarsi lodevoli, piacevoli e gentili.

La lista è infinita. In questo contesto, non c'è molto spazio per la flessibilità. Il tono è severo, esigente e privo di empatia. Bisogna scattare sull'attenti di fronte alle sue richieste. Alcuni classici schemi di pensiero sono:

- «Devi accontentare gli altri, altrimenti ti respingono»;
- «Devi essere una brava persona»;
- «Devi anzitutto pensare agli altri»;
- «Devi avere successo e non fallire mai»;
- «Non devi aspettarti troppo».

IL MELODRAMMATICO

Quando è questo personaggio a calcare la ribalta, entra in scena un atteggiamento mentale tragico e carico di *pathos*. Vengono soppesati pochi elementi concreti e il pensiero razionale finisce in secondo piano. È tutto un disastro, siamo a un passo dalla catastrofe.

I suoi pensieri tipici sono:

- «Non saprai superarlo»;
- «È troppo da sopportare»;
- «Sarà un completo disastro»;
- «Andrà tutto male»;
- «Ormai è troppo tardi».

IL SENSITIVO

Se si assume questo schema di pensiero si giunge precipitosamente a conclusioni affrettate e la logica va a farsi friggere. La strana espressione sul volto del vostro capo durante un incontro di lavoro lascia intendere che vi crede penosi. Basta un solo sguardo da parte del partner per capire che la vostra relazione è ai titoli di coda.

Ecco come riconoscerlo:

- «Cosa vuol dire quello sguardo?»;
- «Ti considerano inutile»;
- «Andrà tutto male»;
- «Se quella persona ti ignora, vorrà dire qualcosa»;
- «A che pro?».

IL NETTURBINO

In questo caso, qualsiasi cosa vi sia di costruttivo, utile e positivo, viene immediatamente spazzato via. Non vi succede niente di buono. Perché aspettarsi che vi capiti qualcosa di bello? Non vi

meritate niente di positivo dalla vita. Questa vocina vi suggerirà di concentrarvi su tutti gli aspetti negativi e di disfarvi di qualsiasi altra cosa.
I suoi pensieri tipici sono:

- «Non perdere tempo»;
- «Non si risolverà mai»;
- «Sì, è vero, però...»;
- «Non te lo meriti»;
- «Non ti succede mai nulla di buono».

TERMINATOR

Spietato è l'unico aggettivo azzeccato per descrivere questo schema mentale. Ci sono poche riflessioni da fare, visto che le conclusioni sono già state tratte, e si riassumono in uno dei seguenti epiteti: stupido, inutile, indegno, schifoso, cattivo, brutto. Questa vocina ha un tono severo e crudele e vi lascia con un senso di annichilimento e devastazione.
Le sue tipiche manifestazioni sono:

- «Sei rivoltante»;
- «Sei inutile»;
- «Sei uno stupido e un perdente»;
- «Ma chi ti piglia?»;
- «Sei un fallito».

Queste frasi vi suonano familiari?
Ora lasciate che vi chieda una cosa semplicissima: tornate a leggere alcuni di questi approcci mentali dannosi e domandatevi se vi rivolgereste in questi termini a una persona a voi cara. Le direste che non può farcela, che è inutile, brutta, un fallimento e che non si merita niente di buono? Probabilmente risponderete con un secco «no». Allora permettetemi di porvi un'altra domanda: se

non vi rivolgereste in questo modo a una persona a cui tenete, perché dovreste farlo con voi stessi?

Talvolta le cose che la mente ci dice sono a dir poco sgarbate e crudeli. Imparando a prenderne le distanze, darete avvio a un processo tramite cui vi rapporterete a voi stessi e ai pensieri con maggiore gentilezza e compassione. Tenete presente che gli schemi risentono dell'abitudine e spesso sono privi di fondamento. Ciò che pensate non equivale a ciò che siete. Un nuovo approccio nel relazionarvi ai pensieri potrà veramente cambiarvi la vita.

Con *La cura dei 10 minuti* accogliamo i pensieri e dedichiamo loro tempo e attenzione. Vedrete che questi, anziché diventare nemici, si trasformeranno in qualcosa per cui nutrirete curiosità e con cui prenderete confidenza. Non saranno più repressi e nemmeno contrastati. Saranno parte della vostra esperienza e imparerete a considerarli dei momenti di passaggio, come nuvole nel cielo. Col tempo, arriverete a capire che, a prescindere da cosa vi passi per la mente, dietro le nuvole c'è sempre il sole.

PRENDETEVI UN MINUTO...

Seguite i vostri pensieri

Per prima cosa, stilate una lista degli schemi mentali sopra esposti in cui vi riconoscete e annotate i pensieri nel momento in cui affiorano alla vostra mente. Se sentite che i vostri schemi sono riconducibili a un altro "personaggio" che non ho citato e a cui vi piacerebbe dare un nome di fantasia, sentitevi liberi di farlo.

....

....

....

....

....

....

In secondo luogo, a prescindere da quali schemi avete riconosciuto come familiari, prendetevi del tempo per esaminare che prove avete a loro sostegno. Per esempio, in voi vive un tenace inquisitore che vi attribuisce la colpa di ogni cosa? Dov'è la prova? È possibile che non sia vero? Quale potrebbe essere un pensiero alternativo a questo?

Riportate ciascuno schema mentale che avete identificato in precedenza e poi elencate le "prove" che dimostrano la veridicità o la falsità di tali pensieri.

....

....

....

....

....

....

....

....

....

....

Ecco un esempio.

Inquisitore: «Tutte le cose brutte che mi capitano sono colpa mia».

Prova della veridicità: «Non riesco a trovare nessuna prova concreta a sostegno della mia responsabilità. Sono successe una serie di cose spiacevoli, ma non sono stato io a provocarle».

Prova della falsità: «Non ho chiesto né scelto che succedessero tutte queste cose brutte. E, in realtà, faccio sempre del mio meglio per evitare che accadano».

Pensiero alternativo: «Nella vita mi capitano brutte cose che non dipendono da me».

PASSO 5 – OSSERVARE I PENSIERI DURANTE *LA CURA DEI 10 MINUTI*

Fino a questo momento i vostri sforzi si sono concentrati nel prendere una certa distanza dai pensieri, per riuscire a riconoscere gli schemi mentali di cui siete prigionieri. È indispensabile saperli individuare prima di intraprendere la fase successiva dell'allenamento quotidiano.
Praticando il workout, vi consiglio di portare a termine i minuti 6 e 7 con gli occhi chiusi, in due passaggi di circa un minuto ciascuno, nel modo che segue.

- **Primo minuto**: richiamate alla mente gli schemi mentali problematici e accoglieteli come ospiti graditi. Dato che avete analizzato le prove che smentiscono molti di questi, sapete già quali lasciar andare. So che può sembrare un consiglio bizzarro, ma considerando gli schemi mentali dannosi nella consapevolezza del momento presente se ne mitigherà la forza d'impatto. Se vi accorgete che cominciano a ripetersi i soliti vecchi schemi, allora scegliete semplicemente di osservarli e lasciarli andare.
  Grazie all'aiuto della *Cura dei 10 minuti*, sarete in grado di instaurare con essi un rapporto nuovo, più rilassato e meno problematico. Al contempo, creerete nuovi percorsi neurali in riferimento agli schemi mentali negativi. In parole povere, adotterete schemi più adattivi.
- **Secondo minuto**: adesso che siete consapevoli dei vostri pensieri, osservateli come se steste guardando le nubi in cielo. Non lasciatevi coinvolgere, non soffermatevi e non cercate di modificarli. Limitatevi a guardarli.
  La spiegazione è semplice: una mente "ingolfata" si comporta come un bambino monello che, quando si accorge di essere controllato, cerca di rigare dritto. Allo stesso modo, la no-

stra attività mentale comincia a placarsi, noi usciamo dalla modalità "pilota automatico" e sviluppiamo una maggiore consapevolezza del momento presente che genera un senso di quiete.

Ripetete il procedimento, se lo trovate utile. Siate consapevoli degli schemi mentali negativi e osservate i pensieri in generale.
Vi invito ora a mettere in pratica i primi sette minuti del workout; ricordate, come sempre, di prendervi il tempo che vi serve seguendo il vostro ritmo.
Riassumendo, ecco i passi finora analizzati:

Minuto 1	Passo 1	Fermarsi
Minuto 1	Passo 2	Analizzare
Minuti 2 e 3	Passo 3	Raggiungere l'oasi di pace
Minuti 4 e 5	Passo 4	Respirare consapevolmente
Minuti 6 e 7	Passo 5	Tenere a bada i pensieri

Nel prossimo capitolo approfondiremo i minuti 8 e 9 per raggiungere un ulteriore stadio di consapevolezza.

MINUTI 8 E 9 – ESSERE CONSAPEVOLI

L'anno scorso sono stato invitato a tenere un workshop per un gruppo di avvocati. Erano per lo più lieti di parteciparvi, eccetto un ragazzo di nome Tommy, che aveva cominciato la giornata asserendo che la mindfulness fosse solo aria fritta. Come potrete immaginare, Tommy non aveva peli sulla lingua. Rispettoso del suo punto di vista e incuriosito da quella presa di posizione così *tranchant*, gli ho chiesto che cosa lo aiutasse a ricaricare al meglio le batterie.

Mi ha risposto senza esitare, dicendo che a lui bastava qualche giorno di vacanza al mare in un posto tranquillo. Quando gli ho domandato il motivo, la sua risposta mi ha strappato un sorriso: «Perché quando sono sdraiato in spiaggia, mi libero di moltissime preoccupazioni e riesco a godermi l'attimo. È il paradiso in Terra». A quel punto l'ho ringraziato per aver aperto l'incontro con una descrizione tanto chiara e precisa della mindfulness.

Tommy mi è sembrato perplesso, ma alla fine della giornata aveva capito cosa intendevo dire ed è stato felice di scoprire che, senza saperlo, aveva sempre praticato una personalissima forma di mindfulness. Tommy non li aveva mai considerati momenti "consapevoli", ma quando ha descritto la sensazione di appagamento data dai raggi del sole sulla schiena, dalla brezza sul viso, dal rumore delle onde e il piacere di assaporare una birra in una situazione priva di preoccupazioni, non stava facendo altro che descrivere attimi di vita consapevoli.

La stessa cosa potrebbe valere per voi, anche se si tratta di sorseggiare una semplice tazza di tè. Si può compiere ogni azione con consapevolezza e, ebbene sì, è sempre una forma di meditazione! Non è mica fatta solo di canti a gambe incrociate accompagnati dai fumi dell'incenso!

So bene che l'esperienza descritta da Tommy non è perfettamente in linea con la vita di tutti i giorni, quando magari fuori fa freddo e le scadenze di lavoro e le pressioni familiari si fanno sentire. Tuttavia rimango convinto che possiamo godere dell'attimo presente in qualsiasi momento della giornata e che possiamo ottenere i benefici descritti da Tommy ventiquattr'ore su ventiquattro.

Alcuni magari si chiederanno dove sia il vantaggio. Ve lo spiego subito, perché credo che queste tecniche siano più incisive se si comprendono a fondo i motivi della loro efficacia. A tal proposito, vorrei condividere con voi un breve spaccato della mia esperienza di vita consapevole.

CHE COS'È LA MINDFULNESS?

Per prima cosa, mi sento in dovere di spiegarvi cosa intendo io con mindfulness.

Come ben saprete, la sua origine affonda nelle tradizioni buddhiste e ancora oggi la mindfulness è una loro pratica fondamentale. Negli ultimi vent'anni, però, ha cominciato a riscuotere un notevole interesse anche nel mondo occidentale, e i neuroscienziati e gli psicologi continuano a fare nuove e affascinanti scoperte sui suoi benefici.

Può succedere che le persone come Tommy, all'inizio, si mostrino diffidenti di fronte alla mindfulness o al mio workout. Mi è stato detto che hanno paura che possa presentarmi in vestaglia e che il workshop possa trasformarsi in una giornata di campane, canti, controllo della respirazione e altre stramberie. Ma non è così. Tale pratica, se seguita da gruppi spirituali, è assolutamente comprensibile e degna di rispetto. Tuttavia, nella vita di tutti i giorni e all'interno della *Cura dei 10 minuti*, l'approccio è più orientato al pragmatismo ed è volto a fornire mezzi concreti per sfruttare queste tecniche rivoluzionarie.

Adesso non intendo concentrarmi su nessuna tradizione religiosa, ma mi fa piacere rendere omaggio alla comunità buddhista e lodarne l'infaticabile impegno nel diffondere la mindfulness. Come abbiamo avuto modo di vedere, la maggior parte del nostro stress è frutto di ciò che avviene nella mente: i pensieri, il nostro modo di interpretare gli eventi, il rimuginare sul passato e fissarsi su cosa ci riserverà il futuro. La mindfulness promuove la consapevolezza del momento presente; qualsiasi attività stiate svolgendo, ovunque vi troviate, fatelo *senza giudicarvi*. Ciò vi permette di *lasciar andare il passato e non preoccuparvi per il futuro*. Nei vostri dieci minuti di allenamento è fondamentale lasciar esistere questi momenti, ed è proprio per questo che ci ritagliamo del tempo per farlo.

IL MIO CAMMINO VERSO LA MINDFULNESS

Nel corso della mia carriera, ho preso parte a decine di incontri su questa pratica e ho notato che a volte viene presentata in modo troppo complicato o persino un po' bigotto. Sono stato formato all'insegnamento della mindfulness a Oxford e mi sento fortunato ad aver avuto come maestri persone che incarnavano alla perfezione i suoi principi. Comunque, il mio primo contatto con questa pratica è avvenuto in modo un po' insolito, soprattutto considerato che non sono superstizioso.

Un pomeriggio mi trovavo in una libreria a Londra e, mentre passavo al vaglio la sezione di psicologia, d'improvviso mi è letteralmente caduto tra le mani un volume dal titolo *Il potere di adesso*. Una settimana più tardi, un mio amico – un prete cattolico che partiva dall'Irlanda per raggiungere il Sudafrica – mi ha chiesto di incontrarci a Heathrow per un caffè. Al momento dei saluti, ha tirato fuori un libro dicendo: «Stavo per dimenticarmene, ti ho portato questo saggio... Sono sicuro che lo apprezzerai tantissimo». Non ci crederete, ma si trattava dello stesso libro: *Il potere di adesso*.

Insomma, era destino! Sembrava che qualcosa o qualcuno stesse cercando di darmi un segno. Quando ho finito di leggerlo, ho provato un vero e proprio senso di liberazione. Non avevo mai compreso di possedere la capacità di osservare ciò che avviene nella mia mente. Quel giorno la mia vita è cambiata radicalmente. La mia curiosità per la mindfulness non ha fatto altro che crescere e ora, di conseguenza, mi sento più felice e appagato. Per giunta, quella lettura mi ha permesso di affrontare alcuni dei momenti più difficili della mia vita in modo più agevole, mi ha insegnato a prendere le distanze dalla mia mente e mi ha fatto scoprire che tutto passa: la felicità e l'appagamento autentici si trovano nell'attimo presente.

PASSO 6 – LA PRATICA

Accanto alle altre forme specialistiche di psicoterapia, ciascuna tecnica impiegata nella *Cura dei 10 minuti* è intrisa dei principi della mindfulness.

I minuti 8 e 9 dell'allenamento sono esclusivamente rivolti al percorso per arrivare e permanere nel momento presente, trovando così la forza per affrontare la giornata.

A questo punto avete imparato a:

Minuto 1	Passo 1	Fermarsi
Minuto 1	Passo 2	Analizzare
Minuti 2 e 3	Passo 3	Raggiungere l'oasi di pace
Minuti 4 e 5	Passo 4	Respirare consapevolmente
Minuti 6 e 7	Passo 5	Tenere a bada i pensieri

Adesso che parte della vostra frenesia mentale è stata acquietata, i prossimi minuti consistono semplicemente nello star seduti in silenzio e osservare.
Mantenete la stessa posizione di partenza, tenendo gli occhi chiusi. Ora che avete portato a termine l'attività focalizzata sui pensieri, è giunto il momento di occuparvi del silenzio consapevole. Nei prossimi due minuti, avete la possibilità di scegliere a cosa dedicare la vostra attenzione, oppure potete limitarvi a essere presenti. Vi consiglio di cominciare con un solo punto d'interesse. In questi minuti, per esempio, potreste scegliere di concentrarvi sul respiro o sul corpo, oppure provare con qualcos'altro.

- **Respiro**: osservate come inspirate ed espirate. Non cercate di modificare il ritmo: dovete solo osservarlo, concentrandovi sulla zona che vi sembra più interessata dal processo, come le narici, il petto o il diaframma. In questo momento, la vostra mente potrebbe distrarsi, ma quando vi accorgete che i pensieri stanno divagando, non dovete far altro che tornare sul respiro, senza critiche né giudizi. Immaginatevi di avere un cucciolo da addestrare... non preoccupatevi se uscite dal tracciato, vi basterà dire: «Su, torna a casa». Anche il semplice fatto di rendervi conto che vi state distraendo è un atto di mindfulness. Questa consapevolezza sta modificando i vostri processi mentali.
- **Corpo**: osservate in generale quali effetti rilevate nel corpo. L'attenzione sarà senz'altro attirata verso determinate regio-

ni. La premessa è sempre la stessa: non dovete partire con il presupposto di modificare qualcosa, ma semplicemente di osservare ciò che succede all'interno del vostro organismo (sensazioni, disagio, dolore, zone rilassate o in tensione). Se rilevate qualche fastidio, limitatevi a guardare, respirare consapevolmente concentrandovi su quella zona specifica e lasciar andare. Il nostro corpo spesso trattiene ciò che è emotivamente inespresso.

- **Suoni**: prendete atto dei suoni o rumori che percepite. Permettete che vadano e vengano, ma non createvi fantasie né fate digressioni a riguardo; notate semplicemente tutti i suoni che vi circondano, il tono, il volume, l'intensità e qualsiasi altra caratteristica attiri la vostra attenzione. Ripeto: se venite distratti da qualcosa, vi basta tornare a concentrarvi sul suono, senza critiche né giudizi. È l'osservazione in sé che rientra nella pratica della consapevolezza.
- **Emozioni**: se notate uno specifico stato emotivo – rabbia, tristezza, calma, frustrazione, eccetera –, potete scegliere di concedergli la vostra consapevolezza e lasciarlo semplicemente esistere, respirando normalmente, senza puntare a sviscerarlo o alterarlo. Come per altri focus, si tratta soltanto di concentrare l'attenzione su una sensazione.

Siete voi a scegliere su cosa porre l'accento e, tra l'altro, l'interesse può variare a seconda delle circostanze. Se vi state dedicando al workout in giardino, in piena estate, allora forse potreste preferire i profumi.

L'importante è scegliere di concentrarsi per questi minuti su una sola cosa e mantenere alta l'attenzione. In sostanza, state rieducando il cervello a focalizzarsi, per ripristinare un equilibrio in caso di eccessiva attività e caos mentale. Se in questa o altre fasi dell'allenamento vi accorgete che la vostra mente sta divagando e state rimuginando sui vostri impegni della giornata, non avete nulla di cui preoccuparvi: è assolutamente normale. Quando accade, vi basta ritornare su ciò che avevate scelto come oggetto d'interesse.

Questa è la pratica della mindfulness, che farà un'incredibile differenza nella vostra vita. Sono la consapevolezza e la capacità di osservazione che confermano che siete presenti.

IL POTERE DEL MOMENTO PRESENTE

Questa parte del workout permette di orientarvi verso la quiete. Nella quiete, tutto diventa possibile e qualsiasi cosa vi stia succedendo può essere valutata nella giusta prospettiva, perché possedete soltanto il momento presente. A me piace vederlo come un istante:

- in cui improvvisamente si diffonde la luce;
- in cui i rumori cessano;
- in cui le nuvole scompaiono e il cielo si rasserena;
- di connessione a infinite possibilità;
- in cui si può entrare in contatto con la vera essenza dell'umanità;
- di verità, all'interno del quale svaniscono le storie che ci raccontiamo;
- in cui si vive appieno e che vi darà lo sprint iniziale per il resto della giornata;
- in cui consoliderete anche gli esercizi svolti nei primi sette minuti di allenamento.

PERCHÉ FA BENE?

La risposta è semplice: funziona e cambia ogni cosa. Posso tranquillamente affermare che tutte le persone che ho avuto in terapia avevano due cose in comune: la schiavitù del passato o la paura del futuro e la prigione dell'autocritica.

La mindfulness segue un diverso percorso facendosi promotrice di due principi fondamentali: lasciar andare il passato e il futuro e restare ancorati al momento presente. In sostanza, bisogna soltanto permettere alle cose di restare come sono senza colpevolizzarsi, ma piuttosto mostrandosi più condiscendenti e indulgenti verso se stessi.

NELLA PRATICA DELLA MINDFULNESS

- Non esiste passato, è già andato.
- Non c'è futuro, deve ancora arrivare.
- L'unica cosa su cui concentrarsi è il presente.
- Anche se ci si distrae, si può tornare al momento presente.
- Non c'è niente da giudicare.
- È essenziale mostrarsi compassionevoli verso se stessi.
- Il cervello ha a disposizione tempo e spazio per riposare, riprendersi e ricaricarsi.
- Indirizzare l'attenzione verso un unico focus rieduca il cervello, perché gli offre un nuovo oggetto d'interesse, ossia il mero fatto di essere presente.

Ripensate alla descrizione di Tommy a pagina 109. Quando se ne sta sdraiato sulla spiaggia è pienamente consapevole del momento presente e sta vivendo un attimo di "paradiso".

VIVERE LA VITA NEL PRESENTE

La mindfulness è la soluzione più facile ed efficace che abbiamo a disposizione. Possiamo scegliere in qualsiasi momento di essere consapevoli: quando mangiamo, camminiamo, corriamo, giochiamo. Scegliamo di essere interamente presenti e dedichiamo la nostra attenzione al focus su cui ci stiamo concentrando in un dato istante. Se la mente si distrae, dobbiamo solo reindirizzarla. Usciamo dalla modalità "pilota automatico" e viviamo ciò che succede nel presente, anziché agire come se stessimo correndo su un tapis roulant. Viviamo e non ci limitiamo a esistere. Permettetemi quindi di sottoporvi alcune domande.

- Quand'è stata l'ultima volta che avete assaporato davvero ciò che stavate mangiando?
- Quand'è stata l'ultima volta che vi siete sentiti veramente coinvolti dal vostro interlocutore durante una conversazione?
- Quand'è stata l'ultima volta che avete camminato essendo consapevoli di ciò che stavate facendo?
- Quand'è stata l'ultima volta che vi siete goduti una doccia calda, percependo lo scorrere dell'acqua sulla pelle, il tepore o il profumo del bagnoschiuma?

A prescindere dalle risposte, vi invito a considerare quante siano le esperienze autenticamente consapevoli nella vostra giornata. Avete l'impressione di vivere meccanicamente? Questi due minuti sono un promemoria che vi ricorda di destarvi per il resto della giornata. È un richiamo alla consapevolezza di:

- vivere, anziché esistere;
- prosperare, anziché sopravvivere;
- essere pienamente coscienti della meraviglia e delle occasioni che vi vengono offerte da ogni singolo momento.

LE PROVE

Come dimostrato da numerose ricerche scientifiche, quando decidiamo di destinare la nostra attenzione a ciò che sta accadendo nel momento presente senza giudizi né critiche, col tempo avvengono straordinari cambiamenti.

- La risonanza magnetica evidenzia che praticare la mindfulness anche solo per dieci minuti al giorno porta a una maggiore salute cerebrale, una minore attività delle aree di stress, una maggiore plasticità (flessibilità) e persino mutamenti nella materia grigia.
- Migliorano la salute e la qualità del sonno, aumenta il benessere.
- La capacità di concentrazione risulta potenziata, come pure la memoria e l'umore.
- L'ansia diminuisce.
- Si affronta meglio la vita di tutti i giorni.
- Il benessere fisico aumenta e i dolori diminuiscono.
- Le performance atletiche migliorano.
- Cresce il rendimento degli studenti.
- Si lavora meglio e in modo più efficiente.

Il messaggio è chiaro. Credo che questi risultati siano riconducibili a due fattori essenziali che vanno al di là del mero piano fisiologico. In primo luogo, con la mindfulness torniamo alla semplicità in un mondo troppo spesso frenetico. In secondo luogo, smettiamo di giudicare le nostre esperienze: ciò che è presente nel momento della consapevolezza viene accolto e accettato, anche le cose più complicate. Il caos mentale si placa per un attimo e poi sempre più a lungo a mano a mano che ci si esercita.

LA SAGGEZZA CONSAPEVOLE DEI MALATI TERMINALI

Vorrei concludere il capitolo rendendo omaggio a coloro che mi hanno veramente insegnato il valore della vita consapevole e del momento presente: le persone che mi hanno permesso di accompagnarle nel loro viaggio verso la morte.

Ognuna di loro mi ha ricordato che ciascun respiro è un dono e che non dovremmo dare per scontato nessun suono, profumo o tramonto. Ciascun momento è un nuovo inizio che ha molto da regalarci ed è decisivo scegliere di prestarvi attenzione.
Un giorno stavo tenendo compagnia a un ragazzo di appena trent'anni, Lucas, malato terminale di leucemia. Aveva programmato un ultimo viaggio ad Amsterdam insieme agli amici e, come potrete immaginare, la conversazione ha preso una piega leggera. Poi, nel corso della nostra chiacchierata, ho notato che il tenore del discorso iniziava a cambiare. La sua capacità di attenzione vacillava quando guardava fuori dalla finestra, fissando intensamente il cielo. Una volta tornato a concentrarsi su di me, mi è sembrato sul punto di scoppiare a piangere.
Dopo un attimo di silenzio, Lucas mi ha confessato di essersi accorto solo in quel momento della frequenza con cui cambia il cielo. In tutta onestà, all'inizio mi sono chiesto se i farmaci non gli stessero provocando qualche alterazione percettiva, ma quando poi ha approfondito il discorso mi è parso evidente che fosse perfettamente lucido e consapevole.
Mi ha spiegato che ogni momento, per lui, assomigliava a un nuovo dipinto che compariva nel cielo. Ogni minimo spostamento di una nube o cambiamento di sfumatura portava una ventata di freschezza e novità. Mentre descriveva quei fenomeni, ero esterrefatto dallo stupore nei suoi occhi e dall'eccitazione nella voce. Era come se fosse la prima volta che osservava il cielo e il suo aspetto mutevole. In quel momento era veramente presente, riconoscente per l'attimo che gli era stato donato e per il fatto di poter guardare il mondo con gli occhi pieni di meraviglia e la curiosità di un bambino.
Talvolta penso a Lucas quando osservo il cielo. Mi chiedo se abbia mai capito quanta influenza ha avuto su di me. Mi ricorda dell'immenso stupore e del dono di ogni nuovo momento. Continua a incuriosirmi e ad accrescere il mio interesse, non solamente per i mutamenti del cielo, bensì per tutte le nuove opportunità,

che sono a portata di mano ogni giorno grazie a questi dieci minuti di allenamento. Ogni singolo attimo del workout racchiude nuove possibilità. Sta a voi scegliere.

I malati terminali spesso espongono con grande saggezza le lezioni che si scoprono vivendo appieno nel "qui e ora". Imparano che l'unica cosa che tutti noi possediamo veramente è l'attimo che stiamo vivendo. Il passato è ormai alle spalle, mentre il futuro deve ancora arrivare. Ciò che abbiamo è il presente e bisogna saper vivere ogni momento.

Tutti stiamo morendo. Per quanto difficile da accettare, è la verità. I buddhisti ci insegnano quanto sia importante ricordare che siamo mortali, perché da questa consapevolezza nasce una sensazione di libertà e comprensione. Anche il nostro momento passerà ed entrerà nella fase successiva, a prescindere dalla nostra fede o spiritualità. Eppure ci sono così tante cose da vivere nel mentre. Tutto sta nel saper dar valore all'esistenza. All'inizio del libro ho fatto una battuta sull'epitaffio delle nostre lapidi: «Completamente esaurito, ma con denti perfetti». Cosa vorreste fosse scritto sulla vostra? Io credo che valga la pena di rifletterci.

In tutta questa incertezza e con l'onnipresente consapevolezza della morte, risentiamo talvolta di un certo stress. Ci sforziamo di mantenere il controllo, ma è un tentativo vano e insensato. Scegliere di lasciar andare questi pensieri e consentire alle cose di essere è l'inizio di una nuova forma di libertà. Non esiste giorno all'infuori di oggi, nessun momento che non sia adesso, e forse basta questo.

Durante l'allenamento, e in particolar modo durante i minuti di mindfulness, vi invito a tenere a mente alcune delle lezioni che ho imparato dai malati terminali e che ho scelto di condividere con voi. Non consideratele deprimenti, bensì liberatorie, come un percorso in direzione di un'esistenza da prendere con più leggerezza. Vivendo la pace del momento, giungiamo a un nuovo stadio di consapevolezza, celebriamo il potere del presente e lo vediamo con occhi nuovi. E allora ciò si ripercuoterà positivamente sul resto della giornata, della settimana, della vita intera. Due minuti di quiete possono aprire le porte verso una vita di cambiamento.

UNIRE TUTTE LE FASI

Ora prendetevi il tempo di esercitarvi con questi due minuti di mindfulness. Quando avrete raggiunto una certa sicurezza, potrete associarli agli altri passi dell'allenamento mentale:

Passo 1	Fermarsi
Passo 2	Analizzare
Passo 3	Raggiungere l'oasi di pace
Passo 4	Respirare consapevolmente
Passo 5	Tenere a bada i pensieri
Passo 6	Vivere nel momento presente

L'ultimo minuto, ovvero il decimo, che descriveremo nel prossimo capitolo, consiste nell'esercizio di vestirsi dell'invisibile "mantello mentale", che incarna i fondamentali principi di vita della *Cura dei 10 minuti* che, nel corso del libro, sono stati intrecciati alle tecniche.

MINUTO 10 – INCARNARE I PRINCIPI DELLA CURA DEI 10 MINUTI

Qualche tempo fa ho cominciato a lavorare con un attore famoso, che chiamerò Charlie. Bene, questa persona, nonostante il successo, soffriva di una grave ansia da palcoscenico. Soffriva di ansia fin dall'infanzia e, anche se riuscivamo a dare un senso ai suoi schemi mentali negativi, le tecniche comuni per contenerla non avevano alcun effetto su di lui. Durante una seduta, ho notato che Charlie si dilungava a spiegarmi il modo in cui i costumi di scena influenzavano la sua interpretazione di un personaggio. Quando gli ho chiesto quale fosse il suo costume preferito, mi ha subito citato un mantello di velluto che l'aveva fatto sentire giusto, equilibrato e calmo, durante l'interpretazione di un personaggio shakespeariano. È stato in quel momento che ho capito che ci trovavamo a un passo dalla soluzione.
Prima di fargli provare di nuovo le tecniche che gli avevo insegnato, gli ho spiegato come avrebbe potuto indossare una versione "mentale" del suo mantello per affrontare le sue performance con la dovuta calma e concentrazione. Ha funzionato alla grande e, da allora, ho sperimentato lo stesso metodo con molti altri miei pazienti, raggiungendo risultati eccezionali.
È stata proprio questa vicenda che mi ha permesso di elaborare l'idea del "mantello mentale" per concludere il programma, che incarna tre principi di vita della *Cura dei 10 minuti*: accettazione, compassione e autenticità.

Quando ci sentiamo sopraffatti dalle incombenze quotidiane, come nel caso di Charlie, possiamo imparare a vestirci mentalmente di questo mantello che rappresenta principi specifici. Il mantello è pesante e caldo, ci protegge e ci può aiutare a proseguire a testa alta, sempre pronti ad affrontare qualsiasi ostacolo incontreremo sulla strada. Dona un tocco di solennità, sicurezza e autorità e ci permette di prendere posto sul palcoscenico della vita con maggiore agio e tranquillità.

Nell'economia di questo workout, l'obiettivo del "mantello mentale" è analogo alla funzione che ha assunto per Charlie. Siete liberi di adattarlo come meglio credete alle vostre esigenze: potete sceglierne il colore, il materiale e la foggia... insomma, l'importante è che vi faccia camminare a testa alta!

I PRINCIPI DEL "MANTELLO MENTALE"

Io ho scelto l'immagine del mantello per rendere l'idea di quest'armatura immaginaria, ma potete farle assumere la forma che preferite. I suoi principi sono fatti per farvi sentire accompagnati e al sicuro nel corso della giornata. Indossare questo indumento vi aiuterà a entrare in contatto con la vostra forza, saggezza e gentilezza interiori e vi permetterà di contare sulla migliore versione di voi stessi per affrontare tutto ciò che vi aspetta. Sarà la vostra armatura personale e rappresenterà un ulteriore strato di protezione.

Ogni giorno, nel minuto conclusivo del workout, visualizzerete voi stessi mentalmente con indosso il mantello e dopo aver fatto questo vi concentrerete sui tre principi cardine che racchiudono il succo dell'allenamento:

- **accettazione;**
- **compassione;**
- **autenticità.**

Accanto alla visualizzazione, vi invito a creare qualcosa di fisico e tangibile, da poter tenere sempre con voi e che vi ricordi tali principi; un oggetto che potete tirar fuori e osservare nell'ultimo minuto del workout. Io, per esempio, porto con me una scheda plastificata con scritti i tre principi e il significato di fondo che assumono per me. Ciò mi riporta alla mente le scelte che faccio in merito all'approccio che decido di adottare nei confronti della vita.
Ecco cosa ci ho appuntato:

- **accettazione**: è così e basta... tutto, prima o poi, diventerà un ricordo;
- **compassione**: verso me stesso, verso tutte le persone che incontro e, specialmente, verso quelle con cui ho difficoltà a relazionarmi;
- **autenticità**: io punto a cercare di essere la migliore versione di me stesso e, quando non ci riesco, ci riprovo.

IL TOCCO FINALE

Alla fin fine, le tecniche dei dieci minuti, in sé, non rappresentano il pacchetto completo. Benché funzionino velocemente e in modo efficace facendovi sentire più calmi, quando sono accompagnate da questi principi di vita hanno benefici ancora maggiori. Se li associate al workout, sarà tutta un'altra cosa! Saranno come una specie di saggio interiore, una voce incoraggiante che vi sostiene e vi dà forza in ogni momento.

PASSO 7 – ESSERE AUTENTICI

Vi è mai capitato di sentire una persona fare un discorso che non vi suscita alcuna emozione? Di recente ho assistito a un incontro promosso da un'associazione di beneficenza a sostegno dei senzatetto. La donna che ne parlava aveva un'ottima proprietà di linguaggio, era professionale e ha fornito tutte le informazioni necessarie, ma era evidente che non nutriva un vero interesse per l'argomento. Ho poi scoperto che stava per intraprendere una nuova strada, il che ovviamente è un fatto positivo, ma ero impressionato da quanto fosse visibile.

A distanza di qualche settimana, ho presenziato a un altro incontro, tenuto questa volta da un signore di mezz'età che, in passato, era stato un senzatetto e aveva usufruito dell'aiuto dell'associazione. La sua passione, l'interesse e l'entusiasmo per l'argomento erano palpabili e le persone lo ascoltavano rapite. Era coinvolgente e sapeva tenere il pubblico. La differenza stava nel fatto che comprendeva appieno le esigenze dei senzatetto. Ci metteva tutto il cuore e un'autentica ed evidente passione.

L'esempio non potrebbe essere più calzante: è importante che, dedicandovi alla *Cura dei 10 minuti*, il vostro impegno sia appassionato e autentico. Se vi approcciate al workout con lo stesso atteggiamento di quel signore di mezz'età, allora cambia ogni cosa. Chiunque può eseguire efficacemente le tecniche, ma impegnarsi a incarnarne i principi richiede uno scavo più approfondito della propria interiorità.

Non si tratta solo di sentirsi più calmi e meno stressati. Sto dicendo di cambiare il modo in cui vi relazionate a voi stessi. Se non fate altro che seguire pedissequamente i gesti, mettendo in pratica tutte le tecniche, senza però adottare i principi di accettazione, compassione e autenticità, allora rischiate che tutto si riduca a una semplice forma di ripetizione e imitazione.

Quando lavoravo con i malati terminali, molte volte ho sentito parlare di rimpianto e ascoltato i discorsi di persone che si rammaricavano di essersi trattate con durezza e di non aver vissuto in modo autentico, o di non essere state completamente trasparenti e oneste con loro stesse.

Dunque, con questi tre principi di vita vi faccio dono del mio punto di vista, in veste sia di essere umano sia di professionista che ha assistito con i propri occhi a moltissime sofferenze. Credo che un'esistenza fatta di accettazione, compassione e autenticità possa alleviarle enormemente.

ACCETTAZIONE

Sono sicuro che la maggior parte di voi avrà sentito il classico dei Beatles *Let It Be*. Ricordo che da ragazzo trovavo conforto nelle parole del testo: mi rammentava di avere il diritto di lasciar correre le cose, lasciarle semplicemente essere. Crescendo, questi due concetti sono diventati molto più difficili da seguire. Una mente ansiosa tollera poco e male le incertezze, e quindi diventa complicato lasciar correre. Tuttavia ho anche imparato che restare aggrappati all'esigenza di mantenere il controllo non fa altro che creare ulteriori preoccupazioni.

Impariamo ad affrontare le emozioni e le esperienze negative come fossero una minaccia e cerchiamo di evitarle a ogni costo. Tendiamo a restare prigionieri di schemi mentali che non ci permettono di lasciar andare:

- «Perché proprio io?»;
- «Ma ancora?»;
- «Non posso credere che stia succedendo»;
- «La mia solita fortuna»;
- «Il mio destino è già scritto»;
- «Sapevo che era troppo bello per essere vero».

PRENDETEVI UN MINUTO...

Ora fermatevi un attimo e considerate un contrattempo di poco conto che vi ha irritato di recente. Che so... un ritardo che vi ha fatto perdere l'autobus o vi ha lasciati inchiodati nel traffico. Vorrei che rifletteste sul modo in cui avete gestito la situazione e su quale di questi approcci avete adottato.

1. È così e basta. È un po' frustrante, ma non dipende da me. Non c'è niente che possa fare al momento. Sfrutterò questo tempo per fare delle telefonate o mi metterò ad ascoltare la musica. Si risolverà tutto.
2. Non posso credere che stia succedendo. Adesso la giornata è rovinata. Perché me ne succede sempre una? Forse mi toccherà disdire tutti i miei programmi.

Non giudicatevi, a prescindere dalla risposta che avete dato. Potrebbe essere la prima, la seconda o un mix delle due, ma vorrei che consideraste quanto segue.

Quale delle due alternative credete possa causare un aumento della tensione, della pressione, un incremento delle risposte allo stress e un impatto negativo sul resto della giornata? Naturalmente la 2. Ora riflettete su questo: dipende dalle circostanze o da come reagite? Le circostanze sono quelle che sono e, in certi casi, non possiamo controllarle. Sì, talvolta si possono vagliare alternative praticabili, forse anche utili. Però la vostra reazione e la volontà di *accettare ciò che accade* nel momento presente hanno la possibilità di fare la differenza.

ACCETTAZIONE NON EQUIVALE A SCONFITTA

Magari alcuni di voi si stanno chiedendo se il concetto di accettazione sia veramente utile. Di recente un mio paziente mi ha domandato se significa ammettere una sconfitta o un fallimento. È un interrogativo legittimo.

Ai miei occhi, non è né un fallimento né una sconfitta. "Accettare" non implica permanere in situazioni che hanno un impatto negativo sulla vita, visto che spetta a voi prendere una decisione a riguardo. Tuttavia, a volte la sorte ci mette di fronte a ostacoli che non possiamo controllare. Per esempio:

- la morte;
- la malattia;
- il lutto;
- le catastrofi;
- il comportamento degli altri;
- un licenziamento;
- la fine di una relazione.

L'ambito più complesso in cui ho assistito alla sfida dell'accettazione è stato il mio lavoro con i malati terminali. Dopotutto, come si fa a dire a un giovane che sta per morire, e che magari lascia bambini, una moglie, dei parenti, di accettare il suo destino? All'inizio la maggior parte delle persone manifesta una naturale e caparbia inclinazione a combattere. Il percorso deve procedere secondo il loro ritmo.

Eppure, quando sono state vagliate tutte le alternative ed esaurite tutte le possibili cure, contrastare l'inevitabile talvolta non fa che aggravare il malessere. Il fatto di non sapersi orientare verso l'accettazione di una situazione ineluttabile accresce lo stress psicologico e va a sommarsi al dolore già presente. Avvicinarsi al principio dell'accettazione contribuisce ad alleggerire la battaglia, riduce l'angoscia e favorisce la lucidità; inoltre, porta un minimo di pace nelle circostanze più tragiche. Ma questo non significa arrendersi, fallire. Significa piuttosto accogliere un percorso non programmato e non previsto e che non abbiamo modo di controllare. Implica seguire gli eventi imposti in un determinato periodo dal naturale procedere della vita. Significa vivere il presente con consapevolezza, confidando nel fatto che, col passare del tempo, l'accettazione a un certo punto porterà la pace.

Mi è capitato di seguire una signora che aveva perso il marito in modo tragico. Continuava a piangere, tanto da sembrare inconsolabile, e mi ha chiesto perché fosse capitato proprio a lei. Io non sapevo cosa risponderle e non potevo offrirle altro che la mia presenza in quel periodo buio. Dopo qualche mese di terapia, le cose si sono distese un po'. Mi ha stupito quando mi ha confessato di provare ancora tristezza ma un po' meno angoscia. Le ho chiesto che cosa l'avesse condotta a un tale cambiamento e lei mi ha risposto elencando due fattori chiave:

- «Ho smesso di ripetermi che non mi sarebbe dovuto capitare, perché mi è successo e non ci posso fare niente»;
- «Se continuo a ripetermi che la situazione è disperata, continuerà ad apparirmi disperata».

Aveva intrapreso il suo percorso personale verso l'accettazione. Questo non ha fatto sparire né la tristezza né il dolore della perdita, ma ha mitigato in una certa misura l'angoscia che andava a sommarsi al dolore che già provava.

COSA C'ENTRA CON *LA CURA DEI 10 MINUTI*

Tutti noi ci troviamo alle prese con situazioni o eventi che facciamo fatica ad accettare. Sarebbe sbagliato da parte mia adottare un approccio troppo "duro" in relazione al principio dell'accettazione, però vi invito a prenderlo in considerazione. Ciò non significa che dovete adeguarvi passivamente alle circostanze se avete la possibilità di modificarle. Tutto sta nell'imparare a comprendere e distinguere ciò che si può cambiare da ciò che non abbiamo il potere di mutare.
Vi esorto a prendere atto del fatto che determinati fenomeni o aspetti non possono essere modificati e quindi dovreste semplicemente lasciare che siano, accettando ciò che ciascun momento porta con sé:

- ciò che è successo in passato ormai è andato; lasciatelo essere;
- non potete controllare cosa vi riserverà il futuro; lasciatelo essere;
- qualsiasi cosa stia succedendo nella vostra vita, accettatela in quanto parte della vostra esperienza e accoglietela con curiosità; lasciatela essere.

Dunque, quando provate ansia, lasciatela essere. Affrontatela mettendo in pratica il principio dell'accettazione: non fuggite, avvicinatevi e chiedetevi di cosa ha bisogno quella parte di voi.
Quando siete tristi o vi sentite soli, lasciate correre queste sensazioni. Cercate di adottare il principio dell'accettazione in rapporto alla tristezza: non scappate, accostatevi con dolcezza e provate a capire le necessità di quella parte di voi.
È comprensibile che, sulle prime, alcune persone possano scambiare l'accettazione per debolezza, ma la verità è molto diversa. È il principio pacifico e nobile del lasciar correre, confidando nel fatto che, approcciandovi con piena presenza mentale a determinati eventi o sentimenti, troverete una nuova consapevolezza e prospettiva, e più forza di quanta avreste mai creduto.

L'ACCETTAZIONE DI SÉ

Ora le cose si fanno ancora più interessanti. Quanti di voi possono affermare di accettarsi in toto?
Come ho già avuto modo di accennare, quasi tutti abbiamo lati caratteriali che non ci piacciono. Sul posto di lavoro, ogni giorno sento dire:

- «Non mi piace il mio corpo!»;
- «Vorrei essere più intelligente!»;
- «Come vorrei essere ricco!»;
- «Vorrei aver fatto scelte diverse!».

Sono sicuro che ognuno di noi può riconoscersi in queste esclamazioni. Sembriamo tutti vittime di un'epidemia di insoddisfazione e malcontento, che ci spinge a desiderare di essere diversi. Eppure questo scontento ha effetti dannosi su di noi. Ogni giorno ascoltiamo il rifiuto, la delusione e, nel peggiore dei casi, il disprezzo verso noi stessi. Voglio nuovamente sottolineare che sostengo e promuovo i cambiamenti motivazionali positivi che danno maggiore valore a determinati lati caratteriali e al benessere mentale. In questo momento, però, mi riferisco a quegli aspetti che talvolta rifiutiamo ma che sono un *dato*: l'etnia, l'identità sessuale, la storia, la famiglia d'origine, il passato, i difetti, il carattere, la nostra essenza... insomma, ciò che definisce lo straordinario e variopinto arazzo della nostra umanità.
Come ho già avuto modo di sottolineare, la maggioranza degli individui non si sognerebbe mai di trattare gli altri con la stessa severità con cui si rivolge a se stessa e che, se portata all'estremo, diventa una forma di autoviolenza.
Devo ammettere di avere informazioni di prima mano in merito, che trovo importante condividere. Sono serissimo quando dico che siamo tutti sulla stessa barca: il mio orientamento sessuale, infatti, ha rappresentato un enorme motivo di insoddisfazione e autorifiuto per cause che ora riesco a comprendere. In Irlanda, durante la mia adolescenza, il messaggio che veniva dato agli omosessuali da alcune Chiese, dai mezzi di comunicazione e dalla società in generale era che fossero malati, anormali. Non credo che ci fosse l'intenzione di ferire qualcuno, ma spesso la paura suscita reazioni decisamente energiche. Ovvio che, durante l'adolescenza, fossi confuso: per me l'attrazione verso persone del mio stesso sesso era normale quanto per i miei fratelli era normale voler frequentare una ragazza.
Alle mie orecchie giungeva sempre quel messaggio insistente, a ricordarmi che provare quei sentimenti era sbagliato, e ricevevo poco sostegno o incoraggiamento a favore della loro legitti-

mità. E così ho inconsciamente iniziato a rifiutare quella parte di me, nella speranza che a un certo punto sarebbe svanita. Non c'è da stupirsi se non è sparito proprio nulla. È stato solamente quando ho fatto coming out e trovato il coraggio di accettare quella parte di me che ho cominciato a crescere e a raggiungere una certa misura di libertà. Mi ricordo di una persona che, all'epoca, mi ha detto: «In un giardino crescono fiori diversi, tutto qui». A quel tempo non sembrava "tutto qui", ma era proprio vero.

PRENDETEVI UN MINUTO...

Ora considerate l'aspetto di voi che fate fatica ad accettare. Vi invito ad aprire la mente e, con compassione, cercare di capire il motivo per cui lo rifiutate.

Fate sì che oggi sia il giorno in cui scegliete di accettarvi. Quando vi vestite del "mantello mentale", siate sempre consapevoli dell'importanza di accogliere ciò che non può essere cambiato, della libertà che nasce dall'accettarsi, del senso di pace e serenità che genera il fatto di saper accettare gli altri.

L'ACCETTAZIONE DEGLI ALTRI

È un dato di fatto: certe persone sono proprio fastidiose. Nessuno di noi può andare d'accordo con tutti; semplicemente non è possibile quando si prendono in considerazione la disparità di esperienze, i diversi caratteri, culture, valori.

La verità è che spesso viviamo, ci sposiamo, stringiamo amicizie, lavoriamo e conviviamo con persone che, di tanto in tanto, troviamo difficili da accettare. Ed è in questi casi che può entrare in azione il "meccanismo antiminaccia" del nostro cervello: rifiutiamo di accettare le differenze e diamo il via a una guerra combattuta a suon di intolleranza e insofferenza, e magari sviluppiamo persino ogni sorta di ipotesi sugli altri:

- «Non mi rispettano»;
- «Devono ricevere una bella lezione»;
- «Odio quando lo fanno»;
- «Lo stanno facendo con il chiaro intento di irritarmi»;
- «Mi rifiuto di accettarlo».

Come per gli altri aspetti dell'accettazione, ci sono dei momenti in cui è giusto e necessario contestare atteggiamenti inaccettabili, attuare un cambiamento o farsi aiutare: penso ai casi di violenza, bullismo, umiliazioni e abusi.
Tuttavia, ci sono anche determinate situazioni in cui invece è giusto scegliere di aprirsi all'accettazione dell'altro, poiché ciò potrebbe dar vita a una sensazione di rinnovata libertà e a un rapporto sociale più sano.
A volte è d'aiuto far capire agli altri come ci fanno sentire, nella speranza che il loro comportamento cambi, ma non sempre è fattibile e potrebbe essere più facile accettare la persona per quella che è.
Vi faccio alcuni esempi:

- il capo che non tesse mai le lodi dei suoi dipendenti forse non sa farlo;
- il partner che lascia alzata la tavoletta del wc forse è più sbadato di voi;
- l'amico che vi fa aspettare a ogni appuntamento probabilmente fa così con tutti;
- il figlio che non fa ciò che gli viene detto forse fa fatica a concentrarsi;
- il partner che vi presta poche attenzioni magari ha qualche difficoltà a esprimere le proprie emozioni.

C'è un'espressione che ho sentito ripetere parecchi anni fa che è rimasta impressa a fuoco nella mia memoria e che mi torna in mente quando rifletto su come gestire l'accettazione degli altri: «Siamo tutti in difetto, ma nessuno è colpevole».
Ciascun abitante di questo pianeta ha dei trascorsi che possono agevolare la comprensione di determinate sue azioni o atteggiamenti.
In base alla mia esperienza, se qualcuno si comporta male, spesso lo fa perché anche lui è stato ferito. Quando ciò ci danneggia, siamo naturalmente legittimati a contestare, ma a volte le zone di conflitto che creiamo cercando di modificare l'atteggiamento dell'altro hanno come unico effetto di causarci altra angoscia e frustrazione.

PRENDETEVI UN MINUTO...

Accettare gli altri è una scelta personale. Io, comunque, vi invito ora a prendervi del tempo per riflettere sulle persone che frequentate e sui relativi comportamenti che trovate impegnativi.
Forse accettarle per quello che sono potrebbe portarvi un senso di pace.
Ecco alcune domande su cui soffermarsi:

- potete cambiarle?
- potete controllarle?
- il vostro conflitto con loro sta agevolando un miglioramento della situazione?

Se avete risposto «no» a tutte e tre le domande, allora forse è giunto il momento di riflettere sulla possibilità di lasciar correre e di iniziare ad accettare gli altri per quello che sono, con tutti i loro pregi e difetti!

CHI VI DÀ AI NERVI?

Bisognerebbe prendere in considerazione un'altra ipotesi, ovvero se una persona vi dà ai nervi. Forse il problema non è il suo comportamento, ma il modo in cui voi lo percepite. Credo che a tutti possa capitare di tanto in tanto. A tal proposito, potrebbe essere utile riportare il punto di vista di un paziente con cui ho avuto l'occasione di lavorare: «Il mio capo non mi fa mai complimenti, il che mi porta a pensare di non essere abbastanza bravo. Ho deciso quindi di parlargli apertamente, con onestà e franchezza. Mi ha detto che mi stima moltissimo e che mantiene un atteggiamento distaccato e poco lusinghiero per via della sua educazione, perché dal suo rapporto con il padre durante l'infanzia ha imparato che comportandosi in questo modo evita di essere giudicato come un debole».

Tenete sempre a mente che siamo tutti fatti di una storia e un modo di essere. Esistono aspetti di me stesso che alcuni potrebbero far fatica ad accogliere, e vale altrettanto per voi. Comunque, meritiamo tutti di essere accettati nonostante le nostre fisse e imperfezioni. Sono parte di noi, ma non definiscono chi siamo. *Siamo tutti in difetto, ma nessuno è colpevole.*

Ogni volta che indossate il mantello invisibile della *Cura dei 10 minuti*, è il momento di riflettere sul principio dell'accettazione e su quanta positività può portare nella vostra vita.

COMPASSIONE

Sally, una signora che ho conosciuto durante un corso, mi ha raccontato di aver sofferto per diversi anni di sintomi depressivi a seguito della fine del suo matrimonio e a causa del mobbing che subiva sul posto di lavoro.

Mi ha descritto i numerosi tentativi terapeutici, i trattamenti farmacologici e i vari programmi che aveva seguito e che non avevano sortito alcun effetto. Poi mi ha spiegato di aver deciso di

fare da sola il Cammino di Santiago. Durante il viaggio ha avuto modo di incontrare molte persone, e così ha iniziato a sentirsi più serena e tranquilla.
Dopo qualche settimana, si è fermata a riflettere sulle persone che aveva conosciuto e che avevano avuto una certa influenza su di lei ed è arrivata a comprendere che tutte avevano due cose in comune:

- sapevano ritagliarsi del tempo;
- avevano compassione verso di sé e verso gli altri.

È così che, per Sally, ha avuto inizio il percorso di ricerca del proprio lato compassionevole. Dopo aver passato gran parte della vita a colpevolizzarsi per tutte le avversità che le erano capitate, mi ha detto di sentirsi veramente rigenerata dalla *Cura dei 10 minuti,* perché rispecchiava il suo cammino in direzione del cambiamento. Le ha ricordato quanto sia importante sapersi fermare e ritrovare la capacità di osservarsi e vivere secondo i principi dell'accettazione, della compassione e dell'autenticità. Devo aggiungere che si è messa a ridere del fatto che il suo pellegrinaggio fosse durato due mesi: non si era resa conto che dieci minuti al giorno potevano rappresentare un simile valore aggiunto!

I BENEFICI DELLA COMPASSIONE

Le straordinarie ricerche nel campo delle terapie focalizzate sulla compassione ci insegnano che, quando operiamo in "modalità antiminaccia", è molto complicato riuscire ad accedere al nostro lato compassionevole come pure tenere a bada i conflitti interiori. Quando mostriamo compassione verso noi stessi, però, possiamo notare sorprendenti miglioramenti. Ciò è confermato anche da analoghi studi nel campo del Buddhismo e della mindfulness. La maggior parte delle persone cerca modi per evitare, respingere o reprimere le proprie difficoltà: è per questo motivo che trova conforto in altri mezzi per gestire i disagi (come alcol, droghe, shopping, sesso, supercompensazioni, dipendenza dal lavoro e le molte altre strategie che tutti conosciamo). Ma è chiaro che queste soluzioni hanno un prezzo se non vengono impiegate con moderazione.

Molti considerano la compassione verso di sé una possibilità non praticabile. È la società stessa a non incentivarla né sostenerla. Spesso, durante i miei corsi, mi capita di sentire qualcuno che esterna le proprie preoccupazioni, tra cui:

- «Forse è troppo autoindulgente»;
- «Non è la cosa giusta da fare»;
- «Può essere considerata una forma di debolezza»;
- «Non saprei neanche da dove cominciare»;
- «Non è una cosa da uomini» (per gli uomini, ovvio).

Sono fermamente convinto del fatto che imparare a mostrarvi compassionevoli verso voi stessi non cambierà soltanto il vostro modo di vedere, ma anche quello di chi vi sta accanto. Non è né superficiale né egoista. Solo imparando a trattarci con gentilezza e rispetto possiamo incoraggiare la forza e il potere interiore. In questo modo la voce della nostra coscienza non avrà più un tono di disprezzo, giudizio o critica, ma si farà più dolce e razionale. Capita a tutti di sbagliare, non serve essere perfetti. Le accuse iniziano ad appartenere al passato, si aprono nuove opportunità e assumiamo un'attitudine di pensiero infinitamente più lucida.

Di recente ho tenuto un corso a un gruppo di idraulici. Come potete immaginare, all'inizio il loro atteggiamento era piuttosto diffidente, ma mi è bastato fare una semplice constatazione e, come d'incanto, il loro modo di porsi è cambiato: «Se qualcuno dei presenti si sveglia con la convinzione di essere uno schifo più

spesso di quanto vorrebbe, oppure conosce qualcuno che ha questa difficoltà, allora oggi sarà un giorno utilissimo per voi!».
Di colpo hanno drizzato le orecchie, il vociare si è calmato e ho sentito una descrizione estremamente trasparente di cosa significhi essere compassionevoli verso se stessi. Uno dei partecipanti voleva assicurarsi di aver capito bene e così mi ha chiesto: «Sta dicendo che non devo far altro che prendermi cura di me stesso quando sono in difficoltà, esattamente come farei con il mio migliore amico, mia moglie e i miei bambini?».
Mi sono limitato ad annuire e lui ha ribattuto: «Chiaro, ha perfettamente senso».
Ecco. Prendetevi cura di voi stessi proprio come fareste con una persona cara. E vorrei ampliare ulteriormente il discorso, suggerendo che, come per l'accettazione, il principio della compassione verso di sé dovrebbe essere esteso a chi ci circonda.

PRENDETEVI UN MINUTO...

Ogni giorno, quando indossate il mantello della *Cura dei 10 minuti*, richiamate alla mente il secondo dei tre principi, ossia la compassione. Poi ponetevi queste semplicissime domande:

- «Oggi come intendo mostrarmi compassionevole verso me stesso?»;
- «Oggi come intendo mostrarmi compassionevole verso gli altri?».

Ho sentito ripetere spesso questa massima: «La gentilezza salverà il mondo». La compassione comincia da voi. Vivendo secondo questo principio imboccate un percorso che può concretamente cambiare il mondo e chi vi circonda.

AUTENTICITÀ

All'inizio di questo libro, vi ho chiesto se credete di vivere la vita che volete. Come praticamente chiunque, sono sicuro che anche voi abbiate dei desideri o delle preferenze più o meno intensi. Quando formulo questa domanda durante i miei corsi, le risposte spesso riguardano case più grandi, il denaro, il lavoro o una vita in un posto più caldo e soleggiato. È stupendo sognare. Ma poi faccio seguire un'altra domanda, che in genere suscita risate nervose, accompagnate da un momento di silenzio: «Credete che questi obiettivi vi daranno veramente la vita che volete?».

Il mio interrogativo trova risposta in quel mutismo. Credo che tutti noi, nel nostro intimo, abbiamo il sospetto che la vita autentica non sia fatta dei traguardi che raggiungiamo, della ricchezza o di altri beni materiali. L'esperienza mi ha insegnato che vivere autenticamente è un processo interiore. A prescindere da chi siano i miei clienti, che siano persone di successo o senzatetto che cercano di rimettersi in carreggiata, sono tutti accomunati da un conflitto emotivo. Questi turbamenti non fanno discriminazioni di status sociale. Facciamo parte di una comune umanità e, per me, vivere autenticamente significa accettare appieno la nostra umanità: gioie e dolori, punti di forza e vulnerabilità, calma e caos. Significa ergersi sull'immenso palcoscenico dell'esistenza, sostenendo con orgoglio qualsivoglia nostra verità. So bene che non è semplice, ma le cose importanti non lo sono mai.

Per caso, avete mai visto un film o un'opera teatrale lasciandovi assorbire dalla performance tanto da credere che la storia fosse reale? Dopo averlo visto recitare, ho avuto l'occasione di fare quattro chiacchiere con un attore che mi aveva incantato con la sua interpretazione. Gli ho chiesto come facesse a portare in scena un dolore tanto credibile e diretto. Mi ha risposto con tutta la tranquillità del mondo che la sua tecnica era semplice: «Attingo dalla mia sofferenza umana. Altrimenti la recitazione non si

traduce in nessuna emozione vera né autentica. Perché anch'io, come tutti, ho le mie difficoltà».
Allora mi sono tornate in mente le migliaia di persone con cui ho parlato, i miei pazienti e i malati terminali che ho assistito, il modo in cui sopportavano il dolore e l'infinita bellezza che racchiudevano quei momenti. Chi vive in modo autentico irradia un non so che di indescrivibile con cui nessun prodotto, stile di vita, titolo o fama può competere. Sono magnetici, perché sono coloro che non si nascondono né fingono. Svelano le loro verità. Sono capaci di dire di no. Sanno affrontare i rifiuti. Il numero di like o commenti negativi che ricevono sui social, per loro, non ha alcuna importanza. La loro vicinanza basta a suscitare negli altri un senso di calma. Condividono le sofferenze e le gioie in egual misura. Si mostrano come sono e la loro presenza è positivamente contagiosa.
Ogni volta che incontro una persona del genere, mi ricordo di quanto sia importante vivere in modo autentico. Che cos'è una vita più calma se non una vita autentica? Nel nostro profondo lo comprendiamo, e ciò ci provoca un certo stress. Vivere in modo autentico è necessario quanto i principi dell'accettazione e della compassione, e ha altrettanto valore. Ho deciso di tenerlo come ultimo approfondimento, perché credo che sia la conquista più importante della nostra indagine interiore.

VOI E LA VITA AUTENTICA

Ciascuno di noi ha una sua identità, perciò non esiste una formula esatta. Vi invito comunque a considerare alcune delle seguenti possibilità, come mezzo per onorare la vostra scelta di autenticità:

- mi presenterò per quello che sono, conscio di essere abbastanza;
- prenderò decisioni che so essere giuste per me;
- sarò capace di dire di no e, se serve, rimarrò fermo sulle mie posizioni;

- mi impegnerò a dare sempre il meglio in tutto quello che faccio;
- mi concederò di accettare i miei lati positivi e quelli negativi, senza giudicarmi;
- mi prenderò cura di ogni parte di me, compresa la mente;
- resterò ancorato al momento presente;
- noterò le occasioni in cui cerco di accontentare gli altri, per compensare oppure per ricevere approvazione;
- mi sforzerò di essere la versione più autentica e migliore di me stesso;
- apprezzerò ed esprimerò gratitudine ogni volta che ne avrò l'occasione;
- mi impegnerò a ricordare che il presente è l'unico momento importante.

Ogni volta che indossate il mantello della *Cura dei 10 minuti* ricordatevi del terzo principio, ossia l'autenticità.

PRENDETEVI UN MINUTO...

Concedetevi un momento per chiedervi: posso impegnarmi a essere veramente me stesso per tutta la giornata?

LA CONCLUSIONE DEL WORKOUT *LA CURA DEI 10 MINUTI*

Avete ormai completato l'ultima parte del workout. Sono sicuro che i principi dell'accettazione, della compassione e dell'autenticità sapranno potenziare il vostro esercizio quotidiano, accrescendone la sostanza e la profondità. Al di là dell'allenamento in sé, spero che possano integrarsi nelle vostre giornate per ricordarvi di optare per una vita più calma e completa. Indossare ogni giorno il mantello immaginario vi rammenterà questi principi, che vi sosterranno e accompagneranno nel corso della giornata. Riassumo di seguito i passi del workout:

Minuto 1	Passo 1	Fermarsi
Minuto 1	Passo 2	Analizzare
Minuti 2 e 3	Passo 3	Raggiungere l'oasi di pace
Minuti 4 e 5	Passo 4	Respirare consapevolmente
Minuti 6 e 7	Passo 5	Tenere a bada i pensieri
Minuti 8 e 9	Passo 6	Vivere nel momento presente
Minuto 10	Passo 7	Vivere con accettazione, compassione e autenticità

Quando tornerete ad affrontare la giornata dopo aver completato il workout, vi garantisco che proverete maggiore tranquillità, controllo e comprensione. Nel tempo, ci saranno giorni in cui vorrete ricorrere a questo allenamento più volte, e altri in cui non ne sentirete il bisogno.

Alla fine, noterete una differenza nel vostro modo di approcciarvi alla vita e anche gli altri si accorgeranno del cambiamento. Sono infinite le opportunità che si aprono di fronte a voi. Sfruttare questi dieci minuti per prendere un po' le distanze da ciò che vi passa per la mente vi permetterà di raggiungere un traguardo fatto di energia, potere e apertura che forse prima consideravate impossibili.

Anche se siete arrivati alla fine dell'allenamento, so benissimo che potrebbero presentarsi situazioni d'emergenza che richiedono una soluzione più rapida. Tra l'altro, al di là di questo workout, esistono ulteriori consigli che potrebbero aiutarvi a mantenere lo slancio del percorso che avete intrapreso. Dunque, il prossimo capitolo, quello conclusivo, esamina come gestire i momenti di emergenza o di crisi e racchiude qualche suggerimento per uno stile di vita in linea con *La cura dei 10 minuti* al di fuori dell'allenamento vero e proprio.

AL DI LÀ DELLA CURA DEI 10 MINUTI

Michael è il direttore di un'azienda di comunicazione. Alla fine di un seminario mi ha chiesto se esistesse una versione più rapida dell'allenamento, perché per lui era troppo impegnativo.

Sono convinto che sia importantissimo riuscire a trovare dieci minuti al giorno per dedicarsi a se stessi, ma il realista che c'è in me sa bene che talvolta la vita ci mette i bastoni fra le ruote.

Illustrerò quindi alcune possibilità per chi, come Michael, teme di non riuscire a trovare il tempo necessario o che possano sorgere altri problemi.

Inoltre, in questo capitolo analizzerò alcune delle questioni tecniche che emergono quando si mette in pratica questo workout, e darò una risposta a due interrogativi che mi vengono sottoposti di frequente.

Esaminerò anche la vita al di fuori dell'allenamento, riassumendo le lezioni di fondo che ho imparato grazie alla mia attività professionale.

I benefici del programma non devono esaurirsi una volta completato il workout mentale: i suoi principi inizieranno a fondersi con la vostra esperienza di tutti i giorni e allora, con maggiore calma mentale, saprete prendere decisioni più sagge su come vivere in modo flessibile e autentico.

E SE IN UNA SITUAZIONE D'EMERGENZA NON HO A DISPOSIZIONE DIECI MINUTI?

È una delle domande che mi vengono poste più spesso. Le persone si preoccupano del fatto che a volte può essere difficile ritagliarsi anche solo dieci minuti. Come ho detto, la maggior parte di noi dedica un lasso di tempo simile alla doccia o alla colazione e quindi voglio ribadire l'importanza del dare la priorità al proprio benessere mentale. In base alla mia esperienza, ho scoperto che, una volta presa l'abitudine del workout quotidiano, diventa difficile *non* seguirlo, visto che i benefici sono immensi ed evidenti. Ciò premesso, so bene che ci saranno giorni in cui ve ne dimenticherete, o il cane starà male, dovrete aiutare i vostri figli con i compiti oppure avrete i muratori in casa. E so anche che dovrete affrontare dei momenti difficili in cui vi servirà una soluzione immediata. Alla luce di questo, vi presento la versione d'emergenza della *Cura dei 10 minuti*. Per molti versi assomiglia al workout che vi ho descritto, ma ha una differenza sostanziale: dura appena due minuti. Tengo a precisare che questa pratica è una sorta di "paracadute" e non *sostituisce* l'allenamento. Ricordate che le ricerche, specialmente nel campo della mindfulness, ci dicono che si raggiungono cambiamenti concreti solo dedicandosi all'esercizio quotidiano per una certa quantità di tempo.

Spesso mi vengono descritte situazioni in cui è necessario mettere in atto la versione d'emergenza della *Cura dei 10 minuti*. Vi espongo le più frequenti, anche se potrebbero capitarne di diverse:

- un incontro o un rapporto problematico sul posto di lavoro;
- parlare in pubblico;
- una situazione di conflitto (personale o professionale);
- un colloquio;
- un appuntamento con una persona nuova;
- dover dare brutte notizie;

- gestire una scadenza imminente o le pressioni del lavoro;
- preparare un esame;
- affrontare la fine di una relazione;
- un lutto;
- gestire una situazione inaspettata;
- viaggiare;
- essere costretti a prendere una decisione difficile senza avere la possibilità di valutare con attenzione le alternative;
- difficoltà a gestire i figli o a far fronte alle varie esigenze domestiche.

LA CURA DEI 10 MINUTI... FORMATO EMERGENZA

Le situazioni scatenanti sono diverse per ognuno di noi, l'importante è rendersi conto del momento in cui si stanno per innescare le nostre risposte automatiche. Notate se percepite alterazioni fisiche oppure confusione mentale, uno stato emotivo ansioso o difficoltà a concentrarvi.

Quando vi trovate in un momento di crisi, vi invito a tener presente quanto segue:

- a prescindere dalla situazione, vi sentite oppressi perché è stato innescato il "meccanismo antiminaccia" e basta disattivarlo;
- trovare due minuti per fermarsi in un luogo tranquillo e appartato è d'importanza cruciale per andare in questa direzione. Potrebbe essere una capatina in bagno, una passeggiata per l'isolato... insomma, spazio alla fantasia! Se però non vi è possibile allontanarvi, perché magari siete nel bel mezzo di una riunione di lavoro, vi suggerisco di restare in silenzio per qualche minuto e, se vi chiedono di intervenire, rispondete che dovete riordinare le idee. In questi istanti potete ricorrere al vostro paracadute; gli altri non se ne accorgeranno.

Capisco bene che chiudere gli occhi in pubblico può essere complicato, quindi, in questo caso, andrà benissimo tenerli aperti.

PRENDETEVI UN MINUTO...

1. **Fermatevi e analizzate la situazione**: chiedetevi cosa sta avvenendo dentro di voi (venti secondi circa).
2. **Entrate in contatto con la vostra oasi di pace**: visualizzate la vostra oasi di pace, ripetete mentalmente la parola cui l'avete associata ed eseguite dieci serie di tapping alternati (trenta secondi).
3. **Respirate**: fate tre respiri profondi, inspirando per quattro secondi, espirando per altri quattro (trenta secondi).
4. **Pensieri**: notate quali schemi mentali negativi sono emersi e lasciateli subito andare (venti secondi).
5. **Rimanete ancorati al momento presente**: restate in silenzio nel momento presente, concedendovi consapevolmente di ricaricarvi (venti secondi).
6. Avete ora concluso i due minuti di allenamento d'emergenza. Tornando al mondo reale e alla situazione attuale, ripetetevi mentalmente i principi di vita: «**Scelgo l'accettazione, la compassione e l'autenticità per affrontare questa situazione**».

Potete ricorrere a questa tecnica d'emergenza in qualsiasi momento e, se necessario, anche più volte nel corso della giornata. Praticando in modo regolare il workout di dieci minuti, probabilmente vi capiterà meno spesso di dover far ricorso a questo paracadute. In ogni caso, è confortante sapere che, in caso di imprevisti o in momenti di difficoltà, potete fare affidamento su questa scialuppa di salvataggio.

QUALI SONO I PRINCIPI FONDAMENTALI PER VIVERE SECONDO *LA CURA DEI 10 MINUTI*?

Molti dei consigli qui contenuti potrebbero sembrare semplice buonsenso; nel prenderci cura di noi, però, il buonsenso non sempre prevale ed è utile avere un promemoria. Nel corso dei capitoli ci siamo concentrati su come accudire la mente. Di seguito espongo alcuni suggerimenti che potrebbero consolidare il vostro impegno. Queste dritte rispecchiano i consigli che generalmente offro alle persone che accompagno nel loro percorso terapeutico. Consideratelo come un programma d'allenamento fisico. Ciò che avviene in palestra durante gli esercizi di solito è integrato anche da altre indicazioni utili per l'obiettivo che volete raggiungere per il vostro corpo. I consigli che seguono sono concepiti appositamente per offrirvi un ulteriore supporto e accompagnarvi nel corso della giornata.

LE DRITTE DELLA *CURA DEI 10 MINUTI*

Capire quando avete bisogno di una mano. Ecco il mio primo consiglio, visto che la questione viene per lo più ignorata. Ci sono momenti in cui ognuno di noi ha bisogno di aiuto o sostegno. Spesso però siamo riluttanti a chiederlo: ci ripetiamo che dovremmo essere in grado di cavarcela da soli oppure ci preoccupiamo del giudizio altrui. Tra terapia e corsi, ho perso il conto delle volte in cui ho sentito pronunciare la frase: «Vorrei averlo fatto prima». Tendiamo a procrastinare, dicendoci che, comunque vada, staremo meglio, e continuiamo a sforzarci come se niente fosse fino a quando non siamo sfiniti. Che sia per gestire la casa, per una questione lavorativa o per qualsiasi altra cosa, non esitate a chiedere aiuto. Le persone più ragionevoli rispondono con empatia quando chiediamo loro sostegno perché sanno immedesimarsi e capiscono che ci vuole coraggio per ammettere le proprie difficoltà. (Se siete molto ansiosi o depressi e nutrite dubbi sul modo in cui vi state occupando del vostro benessere mentale, allora forse avete bisogno di qualcosa di più di quel che posso offrirvi io e, in tal caso, vi consiglio di rivolgervi a un professionista. Questa attività vi sarà di supporto, ma ricordate che non c'è nulla di male nel chiedere una mano in più.) Come ben sappiamo, la mente talvolta può affaticarsi o non essere in ottima forma, esattamente come il corpo. Chiedere aiuto o sostegno quando ne avete bisogno significa tener fede ai principi di questo libro, accettando la realtà, dimostrandovi compassionevoli verso voi stessi e compiendo una scelta autentica che rispecchi il vostro bene e interesse.

Circondarsi di radiatori e non di scarichi. C'è un'espressione inglese che riassume due categorie di persone con diversi approcci alla vita: i "radiatori" e gli "scarichi". I primi ci tirano su e ci danno speranza e sostegno quando serve, i secondi l'esatto contrario: ci lasciano con un senso di vuoto. Talvolta è bene riflettere sulle scelte che facciamo riguardo alla nostra famiglia o alle persone che frequentiamo. Non è logico che un altro essere umano, a prescindere dal rapporto che ci lega, prosciughi le nostre energie e ci faccia sentire svuotati. Vale sicuramente la pena conversarci, esternando compassione e cercando di apportare cambiamenti, se gli altri sono capaci di cogliere il suggerimento. Tuttavia, a volte può anche essere necessario allontanarsi da relazioni problematiche o tossiche. È doloroso ma, in certe occasioni, è l'unica cosa da fare per vivere in pace. Circondarvi di persone che vi arricchiscono è un altro modo per tener fede ai principi della *Cura dei 10 minuti*: accettazione, compassione e autenticità.

Assumersi la responsabilità della propria vita. Ognuno di noi attraversa momenti difficili e in questi casi è molto più facile arrabbiarsi o attribuire agli altri, alle circostanze o al destino la causa del nostro sconforto. Considerarci delle vittime può farci sentire più forti perché il problema cessa di essere una nostra responsabilità, ma, alla lunga, corriamo il rischio di rimanere intrappolati in questa visione... e allora sì che il problema diventa nostro! Adesso però vi do anche la buona notizia: voi siete la soluzione. La lettura di questo libro è già un passo avanti: vi state assumendo la responsabilità della vostra vita. Quello di cui abbiamo bisogno è già dentro di noi. Gli altri possono darci una mano e sostenerci, ma alla fine siamo noi ad avere il compito di rendere la nostra esistenza migliore possibile.

Uscire e darsi da fare, anche quando non si ha voglia. Sono state condotte moltissime ricerche per capire quali fattori influenzino il nostro umore. Quando ci isoliamo, smettiamo di dedicarci a qualsiasi attività e perdiamo i contatti con le persone, nel nostro cervello hanno luogo modificazioni che, a loro volta, influiscono sugli ormoni che regolano l'umore. La semplice azione di uscire a fare qualcosa, che sia una chiacchierata, andare a prendere un caffè, al cinema o far visita a un amico, si ripercuote sull'umore. Nel mondo della TCC, questo processo prende il nome di "attivazione comportamentale". In termini scientifici, l'atto di fare qualcosa potenzia l'assorbimento della serotonina, che si traduce in un impatto benefico e positivo sull'umore riducendo l'ansia.

Fare esercizio. Chi nutre avversione per la palestra o qualsivoglia forma di esercizio fisico a questo punto potrebbe iniziare a provare una certa antipatia nei miei confronti. Fare un pochino di moto non significa dover seguire un rigido programma di allenamento né correre una maratona. Vi invito a dedicarvi a qualche forma di attività, che ovviamente deve rientrare nelle vostre capacità e gusti e non compromettere la salute fisica. Tutti gli studi condotti sul rapporto tra esercizio e benessere mentale riportano risultati analoghi: fare moto migliora l'umore, la motivazione, il sonno, la capacità di concentrazione e persino la vita sessuale. Oltre a questi indiscussi benefici, si promuove anche l'assorbimento della serotonina, che riduce i livelli degli ormoni che acuiscono lo stress e accresce la produzione di ormoni della felicità. Insomma... un immenso vantaggio per il benessere mentale.

Dormire bene. Credo che abbiamo tutti sperimentato l'incubo dell'insonnia e sappiamo che può far diventare insopportabili anche le persone più ragionevoli. Allo stesso modo, tutti conosciamo i benefici di una bella nottata di riposo. Anche in questo caso gli studi parlano chiaro: un sonno regolare migliora la salute mentale, l'elaborazione dei pensieri e la capacità di controllare le emozioni. Una corretta igiene del sonno, come spesso viene definita, è parte essenziale di una vita sana. Se il riposo è particolarmente agitato, come può succedere in presenza di disturbi dell'umore o di ansia, allora sarà opportuno rivolgersi a un professionista.

Seguire una dieta equilibrata. È quasi impossibile accendere la tv senza incappare in qualche programma che spiega i benefici di un'alimentazione corretta. Una dieta equilibrata – oltre ai vantaggi legati al controllo del peso, come un aspetto più sano e una maggiore energia – è fondamentale per il nostro cervello. Non sono un dietologo e nemmeno un nutrizionista, ma vi invito a considerare i benefici degli alimenti che potenziano l'equilibrio e le prestazioni mentali. Per esempio, molti studi hanno dimostrato che l'olio di pesce è prezioso mentre troppi zuccheri acuiscono lo stress e incidono negativamente sul nostro umore. Su internet, nei negozi specializzati e nelle librerie potete trovare moltissimo materiale su questo argomento, ma ricordate che basta qualche piccola modifica per fare una grande differenza.

Passeggiare al parco. Esistono pochi modi più efficaci di una passeggiata nella natura per riguadagnare la propria capacità di osservazione. I problemi di tutti i giorni ci assillano e spesso, presi come siamo a valutare i singoli dettagli, perdiamo di vista il quadro ge-

nerale. Per questo vi consiglio di trovare un posto dove passeggiare e "ricaricare le batterie". Anche se può sembrarvi un po' lugubre, a volte per le mie camminate scelgo i cimiteri. Ogni lapide ha il valore di un promemoria: mi ricorda che ciascuna di quelle persone ha di certo vissuto le mie stesse paure e preoccupazioni.
Un'ottica più ampia mi rammenta che tutto passa e niente è per sempre. Per quanto bizzarro, lo trovo liberatorio e confortante perché nell'atmosfera di questi luoghi c'è un richiamo forte all'importanza della vita. Come ho già precisato, la mia famiglia è irlandese. A mia mamma piaceva visitare i cimiteri con papà, anche quando ormai sapeva che le restava poco tempo; d'estate si portavano addirittura una sedia pieghevole e dei panini. All'epoca, questa loro abitudine mi sembrava un po' strana e non perdevo occasione per prenderli in giro. Una volta ho chiesto a mia madre che cosa ci fosse di tanto interessante nello star seduti per ore in un posto del genere e lei mi ha risposto senza giri di parole: la pace. Allora non potevo capirlo, ma con il tempo ci sono arrivato. Quando vado a trovarla al cimitero, mi ricordo che esiste e conta soltanto il presente, ed è all'interno di questo momento che si trova la pace, che libera dal passato e dal futuro. Voglio comunque aggiungere che non sono ancora arrivato alla fase sedia e panini.

Concedersi di essere umani. Qui i perfezionisti potrebbero storcere il naso... e questa raccomandazione può rappresentare una sfida per una grande fetta della popolazione, perché a tutti piace fare bene ed evitare gli errori. Anche se il più delle volte non ci piace ammetterlo, talvolta è complicato essere umani. Eppure, da questa confusione possiamo trarre grande saggezza. Una delle cose che più preferisco del mio lavoro è che, quando comincio a seguire un paziente, sento che lo sconforto pian piano si trasforma in speranza, che la persona torna a vivere appieno. Non ho promesse da fare sul termine del percorso insieme. Non posso garantire che, in

futuro, non ci saranno battute d'arresto, ma posso assicurare una maggiore resilienza mentale e saggezza per affrontarle.
Concederci di essere umani significa accogliere tutto a braccia aperte: le emozioni "negative", i fallimenti, le delusioni, gli errori, i rimpianti, i difetti, le tentazioni, le volte in cui si cade e poi ci si rialza. Questa capacità di ripartire porterà gioia, trepidazione, speranza e ottimismo, e poi potremmo anche tornare a cadere. E andrà così, perché questa è l'essenza del nostro essere umani. Molti di noi la considerano una debolezza o un fallimento, ma è anche fonte di vigore e orientamento. Concedendoci di essere umani ci liberiamo delle regole e delle condizioni che ci impongono di essere sempre bravi o che ci dicono che deve andare sempre tutto bene.

Accettare che è una scelta personale. Prima ho parlato del sapersi assumere la responsabilità della propria vita. Ora metto nelle vostre mani il lavoro che abbiamo svolto insieme. A questo punto, prospetto uno dei seguenti risvolti:

1. dopo aver terminato il libro, rifletterete su alcune delle cose che ho scritto e farete lo sforzo di impegnarvi a far diventare *La cura dei 10 minuti* parte integrante della vostra giornata. Sceglierete di dare priorità al benessere mentale, per apportare cambiamenti costruttivi e positivi alla vostra quotidianità. Comincerete a modificare il funzionamento del cervello e l'approccio che adottate verso di voi; questo workout non mancherà di fare la differenza nella vostra vita, se sceglierete di metterci anima e corpo;
2. dopo aver terminato il libro, rimuginerete su alcuni spunti, lo riporrete nella libreria, proseguirete con i vostri schemi mentali e non ci sarà nessun cambiamento.

Allora, quale scegliete?
Mi auguro davvero che imboccherete la via del cambiamento e che quanto avete letto in questo libro possa ispirarvi e orientarvi

verso una quotidianità più calma e serena. A prescindere da cosa sta succedendo nella vostra vita, vi prego di tenere a mente più di ogni altra cosa che c'è sempre speranza. Se adesso non la vedete, allora permettetemi di nutrirla per voi, con la consapevolezza che, col passare del tempo e impegnandovi con regolarità a seguire *La cura dei 10 minuti*, la speranza immancabilmente tornerà. La speranza è come il sole: sorge ogni giorno. A volte bisogna solo fermarsi a cercarla.

LE ULTIME DIECI LEZIONI CHE MI HANNO REGALATO I MALATI TERMINALI

Ho aperto questo libro raccontandovi le storie e i pensieri di alcuni malati terminali e intendo chiuderlo allo stesso modo. *La cura dei 10 minuti* si differenzia da altre forme di meditazione, dalla mindfulness in senso stretto e dai programmi psicologici perché gli insegnamenti dei malati rappresentano una componente fondamentale del mio lavoro. Spero che non li abbiate considerati un elemento cupo, triste o sentimentale. Queste persone hanno spesso il dono di vedere la vita sotto una luce diversa, riescono ad andare oltre l'oscurità e, a volte, mi hanno dato consigli sorprendentemente efficaci. Comunque sia, voglio evitare di darne un'immagine idealizzata: non tutti i pazienti sono in grado di accedere a uno stato di nuova saggezza. Alcune persone restano arrabbiate o aggrappate ai vecchi rancori, il che, secondo me, non può far altro che accrescerne la sofferenza. Tanto nella vita, quanto nella morte. Il processo con cui impariamo a lasciar correre genera maggiore calma. Per concludere, ecco le dieci lezioni fondamentali che ho appreso da loro.

1. **Niente è per sempre, quindi impiegate il vostro tempo in modo saggio.** Provate a vivere come se ciascun giorno e ciascun attimo fossero un dono. Ricordate che ciò che accade

passerà e che anche le esperienze più difficili vi insegnano qualcosa, se vi predisponete ad accoglierle a mente aperta. Trascorrete più tempo possibile facendo ciò che vi piace e con le persone a cui volete bene. Programmate vacanze, scegliete l'avventura, datevi come priorità la famiglia e gli amici.

2. **Imparate a lasciar andare.** Rabbia, risentimento, vecchi rancori e sete di vendetta sono soltanto fonte di dolore. Spesso è solo lasciando andare questi sentimenti che si trova la vera libertà.
3. **Prendete la vita con meno serietà.** Imparate a divertirvi di più, a correre più rischi e a ricercare il piacere della vita in ogni piccola cosa.
4. **Non complicate le cose.** Scegliete la semplicità. A volte ci riempiamo la vita di situazioni complesse, relazioni problematiche o scelte non opportune.
5. **Vivete la vostra verità.** Restate fedeli ai valori e ai principi in cui credete.
6. **Lasciate un segno.** Puntate a lasciare qualcosa per questo pianeta, che possa ricordare il modo in cui avete trasformato la vostra vita.
7. **Non perdete tempo con le cazzate.** L'ho sentito dire così tante volte da non poter fare a meno di citarlo...
8. **Aspirate a non avere rimpianti.** Cercate di condurre una vita di «ho fatto» o «ho provato», anziché di «avrei potuto» o «non ci ho provato».
9. **La gioia e la sofferenza fanno parte della vita.** Accoglietele entrambe e non fissatevi su niente.
10. **Vivete con amore.** Tendete una mano amorevole e gentile a chi vi sta accanto; alla fine è tutto quel che conta.

Grazie per avermi accompagnato nel viaggio della Cura dei 10 minuti. *È un onore poter condividere la mia esperienza con voi. E ricordate che ogni istante reca in sé la speranza.*

POSTFAZIONE

Se, in qualsiasi momento, doveste sentire il bisogno di avere più sostegno, vi raccomando di non esitare a chiederlo. *La cura dei 10 minuti* è un workout che credo possa giovare a chiunque, ma se avete ancora difficoltà è importante non lasciarvi frenare dalla paura di essere etichettati o stigmatizzati. Le statistiche suggeriscono che la maggior parte delle persone, a un certo punto della vita, avrà difficoltà sotto determinati aspetti del benessere mentale, quindi non c'è da vergognarsi ad ammettere di aver bisogno della consulenza di un professionista. È fondamentale saper trovare il proprio luogo di calma e serenità.

Per riassumere, il contenuto del libro verte su misure di prevenzione volte a evitare che certi eventi o sentimenti diventino troppo problematici. Se attualmente avete qualche preoccupazione, questo allenamento vi aiuterà a mitigarne i sintomi. Tuttavia, se per il vostro benessere mentale vi serve più supporto di quanto vi possa offrire la mia esperienza, vi esorto a rivolgervi al vostro medico di famiglia, a uno psicoterapeuta o per lo meno a un amico. Uno degli ostacoli maggiori di questi tempi è la riluttanza a cercare aiuto. Non c'è niente di cui vergognarsi nel chiedere una mano. Allo stesso modo, se conoscete qualcuno che ha bisogno di sostegno, fategli avere questo libro, spingetelo a parlare, dategli informazioni in grado di indirizzarlo verso qualche forma di aiuto.

RINGRAZIAMENTI

Vorrei ringraziare tutte le persone che mi hanno accompagnato nel percorso della *Cura dei 10 minuti.* Un ringraziamento speciale va al mio compagno Mark, alla mia agente Bev James e alla mia editrice, Carole Tonkinson, che non hanno mai smesso di credere in me e nel messaggio di positività di questo libro.

INDICE